中国上市公司经典品牌案例书系

品牌王道

头部企业的品牌真经

2

每日经济新闻◎编著

西南财经大学出版社

中国·成都

图书在版编目(CIP)数据

品牌王道.2/每日经济新闻编著.—成都:西南财经大学出版社,2024.4
ISBN 978-7-5504-6176-5

Ⅰ.①品… Ⅱ.①每… Ⅲ.①上市公司—品牌—案例—中国
Ⅳ.①F279.246

中国国家版本馆 CIP 数据核字(2024)第 082163 号

品牌王道 2

PINPAI WANGDAO 2

每日经济新闻　编著

策划编辑:何春梅
责任编辑:周晓琬
责任校对:肖　翀
封面设计:杨红英
责任印制:朱曼丽

出版发行	西南财经大学出版社(四川省成都市光华村街 55 号)
网　　址	http://cbs.swufe.edu.cn
电子邮件	bookcj@swufe.edu.cn
邮政编码	610074
电　　话	028-87353785
照　　排	四川胜翔数码印务设计有限公司
印　　刷	四川新财印务有限公司
成品尺寸	185mm×260mm
印　　张	14.25
字　　数	245 千字
版　　次	2024 年 4 月第 1 版
印　　次	2024 年 4 月第 1 次印刷
书　　号	ISBN 978-7-5504-6176-5
定　　价	68.00 元

编委会

主　　编：刘学东

副 主 编：何　强　　刘林鹏

统　　筹：郭荣村

执行主编：付克友

采　　写（以姓氏笔画为序）：

丁舟洋　　肖世清　　宋德萍

陈鹏丽　　杨　煜　　胥　帅

黄宗彦　　黄博文　　彭　斐

熊嘉楠

序：品牌王道，何以为"王"

中国经济的高质量发展和中国品牌经济的成长，是一个相辅相成的过程。

2014年5月10日，习近平总书记提出"三个转变"："推动中国制造向中国创造转变、中国速度向中国质量转变、中国产品向中国品牌转变"，这为中国经济的高质量发展和品牌建设指明了方向。

2017年，中共中央、国务院将每年的5月10日设为"中国品牌日"，中国经济的品牌建设上升为国家战略。

2023年2月，国务院印发《质量强国建设纲要》提出，到2025年，品牌建设取得更大进展，要形成一大批质量过硬、优势明显的中国品牌；到2035年，质量强国建设基础更加牢固，先进质量文化蔚然成风，质量和品牌综合实力达到更高水平。

作为中国深具影响力、权威性、公信力的主流财经全媒体，每日经济新闻一路见证了中国经济的高质量发展进入全新阶段，也见证了中国品牌经济的成长进入全新阶段。

中国上市公司品牌价值

中国资本市场是中国经济高质量发展的重要组成部分，中国上市公司中崛起的品牌是中国品牌经济成长的生力军和重要力量。

从2017年第一个"中国品牌日"开始，每日经济新闻就联合清华大学经济管理学院中国企业中心，发布一年一度的中国上市公司品牌价值排行榜，以系统评估中国上市公司品牌价值。

多年来，榜单从最初的总榜TOP100，扩展到活力榜TOP100、新锐榜TOP50、海外榜TOP50以及全球百强榜，也包括地产、酒业、食品饮料、证券等各大重点行业榜单。这些榜单，涵盖了中国上市公司近年涌现的优秀品牌，上榜品牌企业都是中国上市公司的佼佼者，或者说品牌的王者。从2020年起，每日经济新闻连续4年出版《中国上市公司品牌价值蓝皮书》，构建起覆盖5 000多家中国上市公司的品牌数据库。

2022年的第6个中国品牌日，在多年品牌数据沉淀基础上，每日经济新闻正式上线了"每经品牌100指数"（指数代码：931852）。这是中证指数公司与财经媒体合作发布的首只跨境指数，它的成分股源于中国上市公司品牌价值榜TOP100，覆盖沪深股市、港股市场和美股市场的中国上市公司，以反映品牌价值较高、财务状况良好的中国上市公司在证券市场上的整体表现。

作为中国经济进入高质量发展新阶段的产物，"每经品牌100指数"彰显了中国上市公司的品牌力量，让品牌价值成为投资价值的重要源泉，引领了资本市场价值投资的新风向，增强了中国企业的自信和中国财经媒体的自信。

品牌需要讲故事

品牌价值引领价值投资，需要榜样的力量。优秀的企业彰显优秀的品牌价值，优秀的品牌价值也印证企业的优秀。同时，品牌需要讲故事。我们要在品牌的推广传播中，讲好中国经济和资本市场的故事。

因此，从2022年开始，每日经济新闻依托中国上市公司品牌价值榜，联合西南财经大学出版社推出中国上市公司经典品牌案例书系《品牌王道》，旨在讲好中国上市公司的品牌故事，见证中国上市公司澎湃的品牌力量，为更多的中国企业提供样本价值。

所谓"品牌王道"，是指品牌的王者之道，也是王者的品牌之道。我们希望揭示一个品牌如何成为王者，或者一个品牌的王者有哪些成长的经验和逻辑。

品牌的王者，必然是内在品牌价值的王者，也必然是外在品牌力的王者。强大的品牌价值，体现为强大的品牌力；强大的品牌力，印证了强大的品牌价值。在不断变革的市场环境中，只有不断提升品牌价值，凝聚更强的品牌力，品牌才能在竞争中脱颖而出，成为市场和行业的王者。

对中国上市公司来说，其在全球市场的影响力、内在变革的进化力、科技驱动的创新力、行业发展的引领力、长期主义的韧性和毅力，都是品牌价值和品牌力的重要组成部分。

《品牌王道2》选择10个上市公司经典品牌案例，分为"出海篇""进化篇"

"创新篇""引领篇""恒力篇"，正是希望从这些方面，发现品牌成长的源头活水，为更多企业提供样本价值。

品牌出海

在大国崛起的背景下，品牌价值或者品牌力，越来越体现为全球市场上的影响力。越来越多的中国上市公司在国际舞台上展示品牌魅力，赢得更大声望。国际影响力不仅是品牌的表面象征，更是企业实力、创新能力和全球拓展能力的体现。

因此，对于一些头部企业而言，出海成为重要的品牌王道。这些出海的"王者"，不仅推动了中国经济的发展，也为中国经济在国际市场上赢得了更大的话语权。

"出海领军者"联想集团为中国企业的国际化，提供了多方面的样本价值。无论是 2004 年"蛇吞象"——并购 IBM PC 业务这一经典商业案例所具备的价值，还是将业务扩展到全球 180 个市场，将"全球化"与"本地化"深度结合的方法论，或是从设备/硬件厂商转型成为解决方案和服务提供商的战略转型过程，联想集团都深深影响着无数的中企出海后继者。联想集团将创新引领、ESG 赋能、多元包容文化融合、嵌入企业的品牌基因，成功打造了一个植根中国，同时具有独特全球本土化管理风格的"全球化联想"的品牌形象。

海信集团是家电行业出海的"王者"。它依靠技术创新，从昔日的地方国营小厂，成长为全球显示行业巨头，重新改写了全球家电市场竞争格局。2022 年，海信全年营收 1 835 亿元，海外收入达 757 亿元，自主品牌占比超过 83%。在海信身上，中国制造所展现的韧性与灵性，成为国际化进程中中资企业最为明显的符号。它依托过硬的技术创新能力、行之有效的全球化经营，积极参与国际化竞争，让中国制造更有底气。

品牌进化

品牌成长的过程，正如生物的进化历程一般，充满了适应、挑战与演变。在这个过程中，品牌不仅要应对外部环境的变化，还要不断自我更新和升级。品牌的王者，需要保持这种进化的能力，以维持其在市场中的领先地位。

不断进化，是品牌成长的王道，是品牌保持竞争力的必由之路。品牌的进化不仅是产品或服务的改进，更是一种全方位的提升。特别是对一些"领袖型品牌"来说，打江山不容易，守江山更难，保持进化的能力至关重要，否则很容易被赶超，丢掉"王者"的宝座。

所以，我们看到白酒行业的贵州茅台，要启动年轻化的战略。这个向百年迈进的企业，一步步成长为世界级的品牌。面对品牌老化、行业产量不断减少的现状，茅台通过一系列营销改革放大品牌光环。在"茅台+""+茅台"大战略下，短短476天，"茅氏三兄妹"相继面市，从"茅台冰淇淋"到"酱香拿铁"，再到"酒心巧克力"，贵州茅台将触角伸向了更多领域，也让更多消费者了解了茅台。传统品牌与年轻人产生了更多的连接和共鸣，也就实现了年轻化，获得了更多迎接未来的活力。

京东集团作为电商行业的龙头企业，在2023年迎来20岁生日。面对消费趋势转变，面对营收增速放缓，面对市值一年蒸发700亿美元的困境，京东选择重新出发，重拾低价这一"唯一基础性武器"，并把做好低价作为京东未来三年的头等大事。零售的本质即"成本、效率、体验"，无论是专注品质，还是强调低价，其核心都离不开提升消费者体验。于是，战略规划、团队组织、平台生态、供应链……京东在各个维度进化，最终迎来实力的进化。唯有进化才能破局。高维进化，成为京东更新的品牌追求。

品牌创新

科技创新是品牌内核的重要支撑，也是品牌硬实力的源泉。它为品牌提供了持续的竞争优势和差异化，使品牌在激烈的市场竞争中脱颖而出。品牌的崛起往往与科技实力的提升紧密相连，而这种提升往往来源于对核心技术的突破和创新。

因此，科技创新是品牌成长的王道，是品牌持续引领市场的关键。通过不断突破和创新，品牌能够提升自身的硬实力，赢得消费者的信任和忠诚度。同时，科技创新也让品牌更好地应对市场挑战，抓住行业机遇，占据竞争的制高点。

新能源车"王者"比亚迪的崛起，为此提供了一个极佳的例证。从一个名不见经传的电池制造商，到中国新能源汽车第一品牌，比亚迪抗住重重质疑，成为中国汽车工业未来的希望。它的成功，源于近三十年来如一日的科技创新。从相关核心技术的突破到完备产业链的构建，从发布多品牌策略到重新定义高端，从中国智造到中国自信，比亚迪携手更多自主品牌，一路向前，也一起跨海出征，完成了一个民族品牌的凤凰涅槃。

家电巨头美的集团也通过科技创新来引领它的夺冠之路。它从一家"生产塑料瓶盖"的乡镇小作坊，一路成为一家集智能家居、新能源及工业技术、智能建筑科技、机器人与自动化、创新型业务五大板块于一体的全球化科技集团，连续八年入选《财富》世界500强。回顾美的集团的发展历程，"科技"始终是贯穿其成长的核心驱动力。在企业的四大核心战略主轴中，"科技领先"是"红花"，其余三个（用户直达、数智驱动、全球突破）都是"绿叶"。"科技领先"是核心中的核心，也是美的对外输出的最为鲜明的品牌形象。

品牌引领

品牌力作为品牌的核心竞争力，往往取决于企业在市场或行业中的地位。品牌的王者，也是一个行业或品类的王者，具有领导者的地位，能够引领市场的潮流，对行业有着深远的影响。

品牌的引领性，意味着企业具备前瞻性的战略眼光和创新能力，注重社会责任和可持续发展，具有良好的品质和口碑。保持品牌的引领性，是品牌成长的重要王道。这种引领性，不仅是对过去的肯定，更是对未来的引领，因此，它也意味着一种责任和使命。

难得的是，通威集团居然能够在两个行业保持引领性，它以"农业、新能源"为双主业，在水产饲料和光伏太阳能两大领域保持着全球龙头地位，并致力于打造"世界级安全食品供应商及世界级清洁能源运营商"两大标签。人对美好生活的向往，以及创新创造的企业家精神，是人类经济发展的原动力，也引领了通威的世界500强之路。2023年，通威集团首次入选《财富》世界500强，成为全球光伏行业首家世界500强企业，实现了光伏行业零的突破。通威品牌的王道，是企业双产业发展，也是企业家精神的充分彰显。

中国奶粉"第一品牌"中国飞鹤，则提供了实现行业引领性的三大密码。如果说中国乳品品牌的发展史，是民族工业的发展史，那么飞鹤奶粉品牌则是这一发展史的亲历者和见证者。它由艰难创业到稳健成长再到行业龙头，初心铸就飞鹤的品牌之魂，品质铸就飞鹤的品牌之基，科技铸就飞鹤的品牌之势。而自始至终，创新都是推动飞鹤品牌升级的核心动力。凭借创新的精神和品牌升级的三大密码，中国飞鹤实现了自己的目标——"坚决把中国人的奶瓶掌握在中国人手里，让中国宝宝喝上更适合他们体质的好奶粉"。

品牌长期主义

品牌资产是时间的产物。品牌的塑造并非一蹴而就，而是需要时间的积累和沉淀。品牌的成长会遇到各种挑战和困难，因此更需要坚定信心，不因一时的波折而动摇。

因此，长期主义的理念对于品牌至关重要，持之以恒的毅力就是成就品牌的王道。品牌建立需要着眼长远，让品牌资产在时间的长河中迸发出更强大的力量。只有注重长期价值和可持续发展，品牌才能成为市场的王者，持续赢得消费者的信任和忠诚。

这正是民生银行的"品牌王道"。这家在 1996 年由民营企业发起设立的银行，从成立之初就锚定了"民营企业的银行"这一战略定位。28 年发展史，穿插着 17 年小微金融、11 年社区金融等重大篇章，在用心服务的耕耘中，打造出自身鲜明的特色和优势，也树立起公认的金字招牌。民生银行与一批又一批小微企业携手前行，从无贷到有贷，从初创到成长，带动一批就业，繁荣一片区域，甚至影响一个行业。在它的品牌路径中，我们也看到了中国金融业服务实体经济的决心、坚守初心的韧劲。

而愚公移山的精神和勇气，则始终贯穿博纳影业的品牌成长之路。在 20 多年间，它从一家小公司，成长为中国电影行业的领军企业，这是一个长期主义的故事。从第一个拿到电影发行牌照的民营企业，到通过港片发行，与香港导演合拍主旋律商业片；从登陆纳斯达克，成为第一家在美国上市的中国影视企业，到回归 A 股；从冒险拍出不一样的主旋律影片《智取威虎山》，到拿出"压箱底"的钱拍出中国影史票房第一的电影《长津湖》……博纳影业的这个故事，代表着民营企业成长的一种品牌逻辑。愚公移山，主题思想即恒道，在坚定不移的信仰中，实现理想。

10 个优秀的中国上市公司，10 个中国品牌王者的故事，见证中国品牌的蓬勃生长，见证中国经济的高质量发展。管中窥豹，它们的品牌王道，也是中国品牌经济和中国经济高质量发展的王道。相信更多的中国企业可以从中得到启发，并涌现更多的品牌，汇聚更大的品牌经济能量。

刘学东[1]

2024 年 2 月

---

[1] 刘学东（闻达）：高级编辑，每日经济新闻党委书记、董事长、总编辑，工业和信息化部工业文化发展中心 AI 应用工作组副组长。拥有媒体全形态管理经验，连续数年被聘为四川大学新闻与传播硕士、出版硕士专业学位研究生业界导师，西南财经大学新闻与传播专业学位水平评估工作行业专家。担任中国经济新闻奖评委会评委、四川年度新闻奖评委会评委、新浪年度中国十大经济人物评委会评委。荣获 2022 年全国报刊传媒经营工作"金推手"奖·影响人物奖。在新闻核心期刊发表专业论文 10 余篇。

目　录

引领篇

恒力篇

出海篇

联想集团

海信集团

最全球化的
中国企业：
联想的
品牌出海"王道"

杨煜

品牌档案

联想集团（HK 00992）

品牌价值 2 956.68 亿元

2024 中国上市公司品牌价值海外榜 TOP1

2024 中国上市公司品牌价值榜 TOP15

2024 全球上市公司品牌价值榜 TOP83

2024 中国电子行业上市公司品牌价值榜 TOP1

（数据来源：每日经济新闻和清华大学经济管理学院中国企业研究中心联合发布 2024 中国上市公司品牌价值榜）

"2024中国上市公司品牌价值海外榜TOP50"显示，联想集团（HK 00992）蝉联第一，海外品牌价值达到2 197.85亿元。

联想集团被评价为最国际化的中国公司，在全球享有盛誉。无论是2004年"蛇吞象"——并购IBM PC业务这一经典商业案例所具备的价值，还是将业务扩展到全球180个市场、将"全球化"与"本地化"深度结合的方法论，或是从设备/硬件厂商转型成为解决方案和服务提供商的战略转型过程，联想集团都深深影响着无数中企出海后继者。

在品牌的塑造上，联想集团将创新引领、ESG赋能、多元包容文化融合、嵌入企业的品牌基因，成功打造了一个植根中国，同时具有独特全球本土化管理风格的"全球化联想"的品牌形象。但这一成果的取得并不仅是营销的胜利，而是源于联想集团40年的实干，以及在每一次变革中所体现出的先锋精神。

联想集团证明，国际化要靠长期主义，品牌建设更要靠长期主义。

引子

"我们跟世界还能不能连接在一起？"

——2023 年 11 月，一部探索中国企业出海历程的纪录片《深海》正式上线。影片伊始，纪录片导演抛出了这个问题。

在这部纪录片中，联想及其供应链企业是主要的观察样本。来到位于匈牙利布达佩斯附近的联想乌洛工厂内，只一眼便能看出这里的员工身上各自带着迥异的国家和文化印记，或是中国，或是巴基斯坦，或是菲律宾，或是乌克兰，但他们胸前有一个共同的、红底白字的标志：Lenovo。

"Lenovo"这个单词原本就是为出海而生。20 前，为了便于向海外拓展，联想把公司的英文名称和标识从"Legend"更换为独树一帜的"Lenovo"。彼时，还没有人能笃定，20 年后的联想在全球的业务版图会不断延展，不仅产品行销 180 个国家和地区，更拥有遍及全球的 18 个研发基地及 30 多个生产制造基地。

出海，并不是一场资本游戏。在联想制造全球"开花"的背后，很少有人会看到高歌猛进的背后是异国闯荡的艰辛、复杂与暗流涌动，也就很难真正理解联想为什么坚持国际化、为什么能实现国际化。

站在新一轮全球化的节点，我们再次聚焦联想经验，剖析这一领军者凝炼的智慧与勇气，并为中国企业后继者们提供一个锦囊和三条妙计——长期主义价值观下，对数智化业务迭代与创新的坚持，联想实现自身基业长青、业绩长虹；深耕国际市场，联想带领产业链上下游将卓越的产品、服务、解决方案带往全球各个角落；坚持践行ESG 理念，对外输出 ESG 解决方案，联想携手利益相关方共创美好未来。

乘风起：中国出海品牌的领军者

新一波国际化浪潮之下，不论是出于生存需要还是雄心壮志，企业家们都没有办法不谈论"出海"，但并不是所有扬帆启航的企业都能到达彼岸。

在联想 40 年的企业发展过程中，"出海"占去了一半。如今，"Lenovo"是全球科技领域最具认知度和美誉度的中国品牌，有段时间几乎是中国唯一成功的全球化品牌。

回顾联想的出海历程，从被质疑到被模仿，联想的能力进化与其全球化历程齐头并进。在全球化过程中，联想的技术积累、产品创新与品牌建设均实现质的飞跃，进一步助推其全球化走向深入，实现正向循环。

在今天，我们再次聚焦于联想的出海经验，是为了向前赴后继的出海企业们提供一个样本——尽管出海环境有了变化，但联想经验仍然具有启示意义，这是中国企业自己的"出海教科书"。

中国企业需要"联想"

近几年，几乎人人都在谈论出海。2023 年中国企业向外探求的欲望再次冲顶。

有数据为证：中国国际贸易促进委员会 2023 年发布的一项调查报告显示，超七成受访企业维持或扩大现有对外投资规模，超八成企业对未来对外投资发展前景持较为乐观态度。

不"出海"，就"出局"——对于相当一部分中国企业来说，这并不是危言耸听，出海的背后有着十分迫切的现实需求：

一方面，我国拥有最完整和高效的产业链，不论是技术密集型产品，还是劳动力密集型产品，我国在供给端有着旺盛的生产力以及产业链优势，为追求持续的增长，中国企业需要向外探求更广阔的发展空间。

另一方面，在贸易摩擦增多的背景之下，"不要把鸡蛋装在同一个篮子里"的风险警示愈加醒目，在全球范围内分散业务，减轻对单一市场的依赖，这种多元化经营已成为企业生存法则。

只是谈论和规划远远不够，行为和策略的借鉴是中国企业当前最需要的支撑。

全球知名市场研究机构益普索（Ipsos）指出，中国品牌走向全球并实现基业长青，最重要的是建立"信任度"。信任是品牌的核心和战略性指标，拥有信任意味着拥有更高的收益率和容错率。然而，建立信任感是中国出海企业普遍面临的短板。

益普索[①]在 2022 年 9 月发布的中国品牌全球信任指数调研中发现，海外消费者对欧美和日本品牌的信任指数最高，韩国品牌居中，中国品牌的信任指数相对落后，但好

---

① 益普索，全球性的市场研究集团，1975 年成立于法国巴黎，1999 年在巴黎上市，2000 年进入中国。

消息是，海外消费者对中国品牌的整体好感度略有提升，其中新兴市场明显更加正向。

在中国品牌全球信任指数排行中，联想排名第一位，信任指数高达 146 分，小米紧随其后，紧接着是 OPPO、荣耀、华为。该调查样本来自 15 个市场的110 000位海外受访者，主要调查指标是品牌认知、信任度、购买意愿以及品牌竞争力。

"中国有联想，和世界会离得更近。"知名媒体人、人文财经观察家秦朔曾如此评价联想的价值。他认为，中国拥有越多像联想这样的全球企业，对迈向智能化的世界贡献就越大，中国在世界也能赢得更多信任。

当前，联想的业务发展至全球 180 个市场，在全球约有 7.7 万名员工。在 2022/23 财年上半财年中，联想海外收入占比约 75.85%，超过总收入的四分之三。联想品牌之所以能够建立起全球信任，主要得益于 20 年来联想在全球范围内为消费者提供高品质的产品/服务，以公正和有道德的方式做生意，尊重并保护消费者隐私，对环境负责、对当地雇员和社区负责，等等。这些原则看似平实简单，但实践起来却非常有挑战性。

站在新时代的"十字路口"，中国企业界依旧需要"联想"。

勇者的征程

"出海"成潮，最大的驱动力是广阔的海外市场。在单一市场做生意，很快就会遇到增长天花板，而在全球市场做生意，则有着近乎无限的机遇。

而机遇之下，出海触礁事件比比皆是。千禧年后，随着中国加入世贸组织，中国企业国际化的速度开始加快。联想不是唯一走兼并收购式国际化扩张路径的中国企业。在 2004 年，TCL 先后大手笔兼并法国汤姆逊彩电业务和阿尔卡特手机业务，同样引起极大的轰动，但由于战略判断失误、整合不利，最终收效不足。TCL 董事长李东生多次坦然谈起这场收购的教训和启发。

真正的出海不是凭着一腔孤勇，而是深扎稳打的基本功。这是一场勇者的游戏，积累和谋略至关重要。

联想的出海之路也并非一路鲜花相随。其国际化的起点，也是最具标志性的事件，就是对 IBM"蛇吞象"的收购案。虽然该收购行为最初并不被商业案例研究界看好，但是后来证明这次并购无疑是成功的。在拓展全球业务的过程中，联想在巴西等市场也曾经历过调整与沉淀，而最终成功突围亦是战略战术不断调整的结果。

长期主义者的胜利

在吴晓波的问卷中，针对"你最喜欢的一句话"这一问题，联想 CEO 杨元庆的回答是："这个世界上的大部分传奇，不过是执着的人，把坚持化作了行动。"

曾在联想全球化过程中主导人力资源和企业文化整合的关键人物、联想集团的高级副总裁乔健，曾向外界总结过联想成功国际化的三要素——愿景、战略、文化。六个字作为总结足够精炼，一笔带过了全球化过程中的险象环生。不过，在这三要素之外，乔健也强调了相同的一点，即"坚定的执行"。

分析联想品牌出海的成功经验，会发现这是长期主义者的胜利、是韧性的胜利。

基于长期主义的价值观，联想成立 40 年来聚焦于"计算"，专注"技术创新"主旋律，从个人计算机 PC 市场占有率全球第一，到十余年蝉联全球第一算力厂商，再到向千行百业输出智能化解决方案。

基于长期主义的价值观，联想全球化 20 年来，以"全球资源（Global sourcing）+本地交付（Local delivering）"为核心竞争力征战全球市场，打造"护城河"。一方面充分调用全球的优质资源，广纳贤才，建立广阔的伙伴关系；另一方面贴近市场，保持敏捷性、灵活性，以此更好地服务各地的客户。在整个世界充满不确定性的今天，联想还在不断优化、升级这个独特的运营模式。

基于长期主义价值观，联想坚持践行 ESG（Environmental, Social and Governance，环境、社会和公司治理）理念，始终坚持透明高效治理、科学减碳、多元包容、践行商业向善，获得全球权威机构的认可与肯定。其中 MSCI（明晟）授予联想 ESG AAA 全球最高评级，不仅率先打破了中国内地科技企业 AAA 评级的零记录，亦代表了联想拥有全球 ESG 最佳企业实践经验。

水流深：创新引领，穿越周期

创新引领，是联想长期主义的起点。

2023 年，当全球顶尖科技公司角逐 AI 产业风口时，联想作为从信息化时代诞生的企业再次走在了最前列，不仅拥有全景式的人工智能产品路线图，包括人工智能终端、人工智能导向及优化的基础设施、解决方案及服务这样丰富的组合，还发布了个人与企业级人工智能双胞胎（AI Twin），以及覆盖个人大模型和企业级大模型的混合AI框架。

2024 年 1 月初，联想带着 40 多款基于人工智能的全新设备与解决方案亮相 2024 年科技界盛事——国际消费电子展（CES），为全球消费者和企业用户带来前所未有的个人计算体验。其中 10 余款联想 AI PC 成为 CES 2024 的焦点，进一步推动联想"AI for All，让人工智能惠及每一个人"的愿景成为现实。

联想创新引领推动股价逆势上涨。2023 年，联想的区间股价涨幅达到 81%。

很多人问：为什么是联想？为什么联想可以一次次穿越技术与经济发展双周期带给市场惊喜？

2017 年，在多元业务转型的质疑声中，联想宣布"All in AI"战略，成为最早提出"All in AI"战略的中国科技企业之一。前瞻性的布局、多年来坚定地推进智能化转型战略，才让联想立于这场 AI 大潮的潮头，并进一步提出"AI for All"的愿景。又一次的"厚积薄发"也成为联想以长期主义打造核心竞争力的最佳注解。

AI PC 开启智能新时代

美国得克萨斯州首府奥斯汀，一处常年充满阳光与活力的城市，因汇集了大量科技企业，又以丘陵地貌为主，所以又被称为"硅丘"。2023 年 10 月，第九届联想创新科技大会（2023 Lenovo Tech World）在此召开。

每次举办 Tech World，联想总会发布一些新产品与新主张。但在科技氛围如此浓厚的地方，只有"真家伙"才能进入社区讨论的议程。这一次，联想也没有让人失望，其展示的联想全球首款 AI PC，让 AI 的终极载体有了现实形态。联想 AI PC 首次亮相后迅速成为市场关注的焦点。

AI（人工智能）是当下全球科技产业的风口，PC（个人电脑）则是联想一贯的优势领域。但显然，联想要做的并不是赶一次"命名"上的时髦，而是要真正为智能设备带来新一轮革命。

个人计算机的发展历经了三波技术浪潮。在第一次浪潮中，PC 经历了从大型机向小型化和图形化的演变，第二次浪潮是在网络化和移动化技术的推动下，PC 变成了连接全球信息的终端。当前，正处于第三次浪潮，AI 大模型技术势不可挡，全球迎来了智能化新时代。但 AI 真正落地，离不开硬件和设备的负载，AI PC 将带来生产力的变革。作为设备、边缘计算和云技术的颠覆性混合体，AI PC 不仅将具备强大的计算能力和先进的 AI 技术，还将带来创新的交互方式和视觉体验，全面满足新的生成式 AI 工作负载需求，同时还可为用户提供量身定制的体验。

AI PC 为隐私和数据"保驾护航"。杨元庆强调，得益于联想的大模型压缩技术，联想 AI PC 拥有运行个人大模型的能力，能够基于本地运行而不涉及云端操作，由此保证了个人隐私和数据安全。

近期研究机构国际数据公司（IDC）联合联想集团发布的《AI PC（中国）白皮书》数据显示，未来 5 年，AI PC 在中国 PC 市场中新机的装配比例将从 2023 年的8.1%，预计增长至 2027 年的 85%，成为 PC 市场主流。这意味着，5 年内 AI PC 装机量的增长将超过 10 倍。

此外，根据华泰证券等机构的预测，预计 2025—2026 年，AI PC 整机出货量将继续保持两位数以上的年增长率，并在 2027 年成为主流化的 PC 产品类型，未来五年内全球 PC 产业将稳步迈入 AI 时代。

尽管 AI PC 这一概念诞生于大模型引发的生成式人工智能爆发潮中，但联想对 PC 智能化的探索实际上已经进行了很多年。

2018 年 Tech World，联想提出"智能 PC"概念，并推出全球第一代智能 PC。随后，陆续推出了具备初级和中级智能化的超智能电脑。2023 年 10 月，联想展示了面向 AI PC 的个人 AI 助手解决方案，通过个性化 AI 解决方案，支持终端用户通过键盘和自然语言进行 AI 交互。

近年来，全球 PC 市场数次遭受冲击，行业萎缩态势浮现。AI PC 或将成为联想突破 PC 市场天花板的支点。而正是联想在智能化赛道上的坚守，让联想在机遇来临时先声夺人、引领变革。

AI for All 联想智能化战略行至分水岭

除了一系列明星产品，在 2023 Tech World 会场，还可以看到众多业内赫赫有名的人物：英伟达创始人、总裁兼 CEO 黄仁勋，微软董事长兼 CEO 萨提亚·纳德拉，英特尔 CEO 帕特·基辛格，超威半导体董事长兼 CEO 苏姿丰……

他们的亮相为一个共同的目的：与联想在智能设备、基础设施和解决方案领域持续深化战略合作。这样的豪华阵容，不禁让人感慨联想在全球 AI 生态中的连接力，更展现出全球顶级科技公司对联想数字及智能技术的认可。

"在某种意义上，联想的演化，刻画了全球化时代，从中国制造到中国智造、中国创造、中国服务的轨迹。"秦朔评价道。

联想是最早提出"All in AI"战略的中国科技企业之一。在 2017 年 Tech World 期间，杨元庆格外郑重地宣布："在人工智能上联想已经押上了所有赌注。"他的判断是，以人工智能驱动的智能化变革正在引发第四次工业革命，而联想没有时间犹豫。

人工智能的发展依赖三大要素：大数据、算力和算法。彼时，有业内分析认为，联想在关键要素上的积累不及移动互联网企业和掌握搜索引擎的企业。但联想推动 AI 发展的生命力在于，其在智能设备、基础设施和行业解决方案等多业务布局的一体化优势。

正如联想集团高级副总裁兼首席技术官（CTO）芮勇所言："联想是一家少有的可以将设备、服务和后端的基础架构组成一个整体的企业。人工智能需要迭代，需要闭环的系统，联想每年卖出 1.5 亿台设备，有设备就有更多的数据，后端的技术构架就能利用这些数据去学习，提升服务，最终反过来可以促进联想卖出更多的设备，构成一个完整的闭环。"

2019 年，联想提出推进智能化转型的"3S 战略"，即智能物联网、智能基础设施和行业智能。杨元庆说："未来的智能化转型，不仅仅是在消费的设备上，也不仅仅在家庭里面，还将是面向全行业的。"

时至今日，全球的人工智能热潮带动了智能技术的普及应用，也在加速各行各业的数智化变革，这再一次印证联想智能化转型战略的正确性。展望未来，通用人工智能时代的来临会极大提升对智能终端设备、算力基础设施底座和 AI 行业解决方案的需求，联想的 3S 战略正迎来"战略转折点"。

不同于 6 年前那次破釜沉舟般的宣言，杨元庆在 2023 年 Tech World 提出的 SLO-GAN 更具使命感：AI for All，让人工智能惠及每一个人。某种程度上，这样的战略面向与联想国际化科技企业的品牌形象更加相当，它喻示着联想对于人工智能的关注正从技术创新本身，扩大至社会福祉和广泛的商业变革。联想在 AI 领域的全栈技术积累则是其战略转型的底气。

"正因为多年来坚定地推进智能化转型战略，联想才能在今天生成式人工智能、大模型掀起新一轮人工智能应用热潮时，就已经拥有全景式的人工智能产品路线图。"杨元庆的论断掷地有声。

从"研发三角"到"三级火箭"

某种程度上，联想的创新步伐与国际化进程是互为唱和的关系。

2005 年 5 月，联想正式完成对 IBM PC 业务的收购。不久后，由北京联想研发中心与 IBM 时代的技术遗产——日本大和研发中心，以及美国罗利研发中心组成的全球"研发三角"正式开始运转。在联想的规划中，这个研发三角并不是物理意义上的架构拼合，而是一种竞合的化学反应，它将提升联想整体的研发实力和开发效率。

时任联想首席技术官贺志强曾对比过这三方团队的不同优势：大和实验室在盯细节上有独到之处，可以把设计做得很精致，而美国罗利部门很擅长做出战略性的技术创新。美国拥有全球最好的架构工程师土壤，硅谷文化的熏陶十分重要。北京研发团队则极具成长性，学习能力强，冲劲又足。

在今天，联想的研发布局早已超出了"研发三角"的范围，包括中国北京、德国法兰克福、巴西雅瓜里乌纳、美国硅谷、日本横滨在内的 18 个研发基地分布在海内外人才聚集地，为联想储备了大量国际顶尖人才，并带来持续的技术创新动力。

"三级火箭"取代"研发三角"成为联想新时代的研发体系的象征。三级火箭即将公司的创新体系分为三级，其中产品事业部主要负责未来 1~2 年的产品研发和创新；联想研究院主要负责未来 2~5 年的前瞻性研究，创新成果直接支持事业部的产品创新；联想创投集团作为"瞭望塔"，主要负责内部孵化风险投资，关注未来 5~10 年的科技产业发展。

同时，联想在步履不停、吸纳全球资源推动技术创新之际，也在加速将中国最前沿的技术创新推向全球，智能制造便是其中典型的案例。

正如英伟达创始人黄仁勋所说："有了联想团队，整个世界市场是如此广阔。"

例如，在 2023 年 5 月实现规模投产的联想集团南方智能制造基地，作为联想全球智能制造的"母本"工厂，已形成很多可复制、可推广的先进方案，并正输出至联想集团全球其他工厂和更多制造企业。联想匈牙利制造基地是联想欧洲首座自有制造基地，从建设到运营都与南方智能制造基地高度相关。它最初的 4 条产线从深圳通过"中欧班列"运达，其间大量深圳基地员工远赴匈牙利援建。建成后，中匈双方团队每天都保持密切沟通与合作。2020—2022 年，不到两年的时间，联想匈牙利制造基地每天可以生产上千台定制服务器、4 000 个定制工作站，甚至每 15 秒就可以生产出一台 PC 机或微型计算机，并从这里销往欧洲、中东和非洲等地。联想在匈牙利的工厂不仅实现了数字化管理、太阳能供电，还吸纳了上千名匈牙利员工，为当地带来了持续不断的税收，带动了当地产业链的提升。

四海通：保持韧劲，做最本土化的"外来者"

国际化的百米赛道上，第一步不容易，往后的九十九步更难。

沟通上的障碍、文化上的鸿沟、不同市场的复杂……一道道关卡考验着联想领导者的智慧乃至心态。而国际形势的变化，则推动着全球化的潮水流转的方向。

长期主义，是联想在国际风云中保持从容的支撑，而其直观的体现就是保持开放和韧劲，将"全球化"与"本地化"紧密结合。

韧性供应链： 联想全球化锻造的杀手锏

30 年前，世界著名物流专家马丁·克里斯托弗曾预言："21 世纪的竞争不再是企业和企业之间的竞争，而是供应链和供应链之间的竞争。"在今天的国际形势下，这一论断不得不说饱含着警示意义。

近年来，全球供应链尤其是中国企业参与的供应链遭遇重重挑战。

2020 年，一场疫情席卷全球，全球大范围长线生产及物流停摆。与此同时，以越南、印度为代表的新兴经济体，凭借成本优势、贸易政策支持，与中国开始正面竞争。此外，欧美等发达经济体主张可控、安全的供应链，这一主张直接影响了全球供应链的配置。

类似的考验在疫情期间一次次出现在联想集团。回忆起 2021 年，杨元庆此前在接受媒体采访时表示："反复的疫情、加剧的地缘政治冲突以及空前严重的供应短缺，三重挑战让联想的运营遭遇大考。"

然而，重压之下，疫情之中的联想仍实现逆势增长。据联想集团 2021/22 财年报告，公司全年营业额近 4 600 亿元人民币，同比增长 18%；全年净利润达 130 亿元人民币，同比增长 72%。

在这场全球范围的考验中，联想供应链展现出十足的韧性。

"目前联想在全球有 30 多个生产基地，为生产提供了很大的灵活性和韧性，比如，疫情期间海外有电子设备的需求，可直接通过利用当地团队及时交付，体现出海外布局的优势。未来，联想也会不断地分析研究，进一步优化海外布局，来保障'黑天鹅'事件发生时有能力满足客户需求。"联想集团全球供应链首席转型官徐赫说。

韧性，非一朝一夕之功。

2008 年，一场决定联想制造发展方向的闭门会议陷入僵局。联想是否应该采取混合制造的模式，即将自有制造和 ODM 模式①结合？9 名高管中，4 票赞成，4 票反对，杨元庆握住了关键一票。当时，杨元庆反问："如果我们完全依靠 ODM 模式，那么未来的世界第一，到底是联想还是某个 ODM？我们怎样掌握核心竞争力？"

十多年前的讨论在今天找到了答案——这种科技行业少有的混合制造模式，让联想的产品质量、交付能力以及成本，拥有更优越的竞争力和灵活性。

联想的供应链不仅关系着自身生死，也深刻影响着供应链上的配套供应商。

在国内，联想全球最大的智能计算设备研发与制造中心——合肥制造基地（简称"联宝科技"）打造了"4 小时产业圈"，即供应商的配套服务要在 4 小时车程之内，联想的产品也要 4 小时内送到主要的市场。

"PC 这个行业有一个特点，那就是比快。谁比谁强，其实就是比快。当你比别人更早一点发现未来趋势时，你就会比别人领先一步。"联宝科技 CEO 丁晓辉认为联宝科技之所以能克服困难，一个重要原因是够快，你比友商早一分钟联系供应链抢到了订单，影响的可能是公司整个季度甚至全年的业绩。"快"的能力来自哪里？正是联想引以为傲的供应链管理。

2023 年 5 月，在业界最权威的供应链榜单 Gartner Top 25 中，联想拿下第 8 的历

---

① ODM 模式（original design manufacturer，原始设计制造商模式），是指一家公司或制造商拥有自主设计能力，可以根据客户要求进行产品设计和生产，并提供定制化产品解决方案。

史最佳排名，是中国乃至亚太地区唯一上榜的高科技制造企业，更是排名最高的中国企业。

被每个市场认可： 出租车愿景与洗碗机愿景

时至今日，联想的业务已遍及全球 180 个国家和地区，员工总数达到 7.7 万人。更难得可贵的是，来自美洲、亚太、中国和 EMEA（欧洲、中东和非洲）四个大区的营收比例基本均衡。

能在一处市场获得成功并不稀奇，但在全球范围内获得消费者的普遍认可绝非易事。全球化的本质就是在每一个市场做本土化。出海，从来都不是"改变他们"，而是"融入他们"。

但本土化究竟意味着什么？又要如何融入他们？联想的丹麦团队给出了答案，那是一个有趣的愿景——出租车愿景，让每一个出租车司机都知道去联想的路线，也知道联想的产品是优良品质的代表。团队成员每次打车时，都会问出租车司机，您知道联想品牌吗？您知道去联想的路吗？很快，联想品牌传遍了哥本哈根的出租车司机群体，也传到了丹麦的家家户户。

在这样的不懈努力之下，联想丹麦在 2019 年拿下了 50% 的市场份额，占据丹麦 PC 领域的第一位。在丹麦，每卖出 100 台电脑，就有 50 台来自联想。联想在丹麦，已经是家喻户晓的品牌。

随后，联想丹麦团队又提出了洗碗机愿景，这个愿景是让丹麦人都知道联想是高科技和高质量的代名词，当他们生活中需要买电子产品的时候，首先会思考联想是否也有。

联想丹麦团队并非联想全新组建的团队。2004 年，联想以"蛇吞象"的气势收购了 IBM 的 PC 业务，原 IBM 在丹麦的员工由此成为联想的员工。

"挥别 IBM 其实是有些愁绪的，但是当时杨元庆也过来，给了我们很多信心。"联想丹麦团队高管 Jens Henrik Thomsen 回忆道，"核心团队 15 年前的照片，和今天大家看到的是同一批人，我们留住了关键核心人才。很多人都是从 IBM 加入联想的。除此之外，我们也在行业吸引了众多一流人才加入。"

在开展国际化的中国企业中，并非所有企业都如此看重本土团队的作用。实际上，尽管很多企业在业务上布局全球，但仍然是不折不扣的中国企业，因为他们在管理文化、企业运营、员工构成上仍沿袭中国企业模式。我们很难对两种发展模式给出优劣的判断，但联想展现出一种海纳百川的开放心态。

在组建公司的海外办事处的时候，联想只带极少数中国员工去当地，分公司的主体成员都是当地人。联想相信，只有给本地员工充分的信任，才能真正打开当地市场。

"在全球化与本土化之间，我们会找到一个合适的平衡点。我们会努力激发当地员工的工作积极性，提升他们应对全球化市场的业务能力和创新能力。"联想首任首席多元化官 Yolanda Conyers 说。

灵活性与生命力， 联想集团的平衡艺术

在 IT 行业，成熟的发达市场往往是最难进入的，美国和日本尤甚。

美国，是信息技术革命的策源地；日本，其本土品牌同样实力强劲，广为人知的 ThinkPad 品牌便诞生于日本神奈川县大和市。

有心者不难发现，国内 IT 品牌谈及出海，往往谈欧洲者多、谈美日者少。然而，"任何一家 IT 厂商如果希望跻身全球行列，欧洲、美国、日本、中国四大市场缺一不可。"CBSi（中国）媒体总编刘克丽说道。

国资委中央企业专职董事杨亚曾在一次采访中指出："我们面临两道关口：第一道关口是'走出去'的投资审查……第二道关口是'引进来'的技术封锁。"

联想，在美日市场突围中独占鳌头。

并购 IBM PC 业务中，联想宣布与全球三大私人股权投资公司得克萨斯太平洋集团、General Atlantic 及美国新桥投资集团达成协议，这三家公司向联想集团提供 3.5 亿美元战略投资，供联想收购 IBM PC 业务之用。

知名财经作家张小平指出，私募机构还帮助联想解决运营管理、团队文化、品牌建设、客户挽留、供应链、采购供应商等困难。这与后来中铝等企业海外并购因同样问题而折戟沉沙形成鲜明的对比。

相比欧美等国，日本对外来企业的资格审查更加严格。在日本设立公司必须办理繁杂的手续流程，通常中企在日本设立分公司办理手续至少需要 1~2 个月。此外，日本对高科技产业有严重的地方保护色彩，技术性贸易壁垒日益严格。

日本经济团体联合会会长米仓弘昌坦言，如果一股中国投资突然涌入，"可能导

致日本公众突如其来的不安和恐慌"。"要让我给中国人出主意，我可能会建议他们要慢慢来，不要冒进。"

作为一个巨大的全球化公司，最怕的就是"僵化"。"灵活性"是韧性的一部分，也是生命力的体现。面对复杂多变的国际市场，全球化需要灵活的战略调整和战术执行。

在日本，联想选择将业务开拓与当地商业文化适配，通过与当地企业建立合资企业，将联想在全球的创新和优势与本地的知识、技能结合起来。与此同时，联想为日本市场提供了3个品牌，以及全面丰富的产品线。比如，国际化的 Lenovo 品牌和多个子品牌，以及两个值得信赖的日本本土品牌 NEC 和富士通。Lenovo 品牌包括游戏本 Legion 品牌和企业办公笔记本 ThinkPad 品牌，以其良好的性能和可靠性受到客户的青睐。同时，富士通和 NEC 都是企业、政府部门和教育市场最值得信赖的高质量日本本土品牌。

除了美、日市场，拉丁美洲市场的突围也不是一件易事。

在拉丁美洲市场，联想采取有效的本地化产品策略，针对拉美消费者的喜好，对手机的色彩设计、摄影摄像、续航、交互软件等方面进行改革，使其更符合当地人的使用习惯与审美。例如，在拉美发行的手机中率先支持两种当地的土著语言；在巴西手机中内置数字银行账户；对于当地消费者偏好香味的需求，联想还推出了带有香氛的手机。

无论联想国际化的"形"如何变化，联想国际化的底色始终不变，那就是始终为每一个市场的消费者提供最能满足需求的，富有创新性与高质量的产品与服务。

涓流长：做令全球信任的中国品牌

能跨越周期的企业，永远属于长期主义的践行者；能被称之为伟大的企业，皆是创造社会价值的赋能者。

对于要在全球市场打响品牌的中国企业也是一样。中国优质企业融入世界，不仅是将产品销往世界各地，还要通过加强产品与 ESG 的表现，真正融入当地市场，成长为令全球信任的中国品牌。

在这场穿越周期的征途中，联想正是以 ESG 为指引，将为环境负责、为社会负责、为公司利益相关者负责的理念嵌入企业的基因，演绎着实干者的价值，基于其 17 年的 ESG 经验积累，将经济价值与环境价值、社会价值高度统一起来，实现真正可持续韧性增长。同时，ESG 也成为联想全球化战略的有机延伸，助力联想打造全新业务增长曲线。

领先 ESG 实践， 放大品牌影响力

"ESG 大家都很熟悉……衡量的是公司财务报表数据以外的可持续发展力。可以说，如果中国企业出海是一场马拉松，那么 ESG 决定了中国企业在'走出去'后，能否'立得住'和'走得远'。"联想集团副总裁王会文表示。

当前，中企出海已经进入"深海区"，一方面中企全球化的层次和边界在不断丰富和拓展，另一方面中企面临的挑战也更加复杂。

王会文指出，海外市场，尤其是欧洲、美国、日本等发达国家市场的可持续监管全面提速。例如，欧盟提出要征收碳关税，循环经济、产品碳足迹相关的强制披露要求也在为企业的 ESG 治理能力敲响警钟。

"在过去这段时间，联想海外客户针对产品的 ESG 询问数量呈现一个激增的状态。客户关注的点也多种多样。过去我们卖出一款产品，客户更多关注的是性能、价格、质量、服务，等等。现在客户会额外关注产品的碳足迹，到底是高碳产品还是低碳产品；关注产品是不是节能产品，有没有使用循环材料，循环材料都是怎么使用的。"王会文说。

联想的 ESG 战略布局从第一天起就在助力联想应对出海所面临的不确定性，联想的 ESG 实践也在全球化不断深入的过程中走向纵深。在每一个市场，联想都致力于通过提供创新优质的绿色产品，以诚信正直的方式开展业务，尊重当地市场的法律法规和文化习俗，不仅建立起了联想与消费者的强链接，更成功成为让当地市场引以为傲的品牌。

与其他企业将 ESG 看作锦上添花不同，联想从战略上高度重视 ESG。自 2007 年起，联想已经连续 17 年发布可持续发展相关议题报告。2022 年 4 月，联想誓师大会上，杨元庆提出，在新阶段，联想面对的首要课题是如何成功穿越周期。为此，联想

将打造三大支柱：技术创新是第一支柱，服务为导向的转型是中流砥柱，ESG 与社会价值则是压轴支柱。

"ESG 与社会价值既是我们的初心与责任，也是我们的使命与愿景——联想的创新与增长必须服务于让生活更美好、社会更多元包容、环境更可持续发展的目的。"杨元庆说道。

例如，联想认为包装是其环境管理体系内的重要环境影响因素，因而致力于减少包装物料的使用、废弃物及碳排放。2022 年，ThinkPad X1 及 Z 系列推出全新竹纤维礼盒，由 100% 可再生竹纤维制成，与先前的礼盒相比，盒体重量有效减少 30%。

在多元化方面，联想提出，到 2025 年将女性高管比例提升至 27%；在 2025 年前将来自少数族裔或民族群体的高管比例提升至 35%。为实现其高管代表比例目标，联想投资了多个职业发展项目，包括培育女性行政人才的女性领导力发展项目及旨在培育来自弱势群体的行政人才的万花筒多元化领导力项目。

此外，为了帮助保护人类遗产、独特的土著文化史，联想在摩托罗拉智能手机团队的领导一直在与联想基金会合作，不仅将濒危语言数字化并加以保护，而且将其整合到智能手机上使用。

这项工作始于 2020 年，主要工作内容是对 Kaingang 语（巴西南部地区语言）和 Nheengatu 语（亚马逊地区语言）进行数字化和整合。2021 年，该举措扩大到 Cherokee 语（美国当地语言）。2023 年，团队宣布在该举措中新增两种语言：Kuvi 语和 Kangri 语（均为印度本土语言）。这五种语言是摩托罗拉提供的 80 多种语言中的组成部分，可在其手机界面中个性化使用。

领先担当，可复制的 ESG 解决方案

与此同时，海外 ESG 的监管焦点正在向价值链 ESG 管理与披露转移。在此背景下，出海企业不仅要对自身的 ESG 进行管理，供应链的 ESG 管理也成为其不得不考虑的战略议程。

2022 年，快时尚跨境电商巨头希音（SHEIN）陷入 ESG 舆论漩涡，起因便是英国媒体披露称，SHEIN 的两家供应链工厂的工作条件恶劣且薪酬较低，引发轩然大波。随后 SHEIN 宣布将投入 1 500 万美元，以帮助其供应链上的数百家工厂进行升级。

作为首批出海企业，经过多年锤炼，联想的供应链管理不仅在效率上足以比肩全

球最优秀的供应链企业，更在供应链 ESG 管理上遥遥领先。在全球最权威的 Gartner 评选中，联想 ESG 多次获得满分，在供应链碳排放管理等方面表现出色。

根据国际上应用最为广泛的《温室气体核算体系》（GHG Protocol），温室气体排放分为 3 个"范围"：范围 1 用于核算企业拥有或控制的排放源产生的直接排放量；范围 2 用于核算企业外购电力、蒸汽、供热或制冷的生产而产生的间接排放量；范围 3 包含企业价值链中产生的所有其他间接排放量。

由于范围 3 的排放往往发生在企业直接管控之外的领域，难以跟踪和计算。考虑到全球供应链的复杂程度，尤其对大型的跨国企业来说，数据收集和核算的难度将呈指数级增加。可以说，敢于进行范围 3 披露并实施管理的企业，才具备可持续发展的雄心。

据联想集团 2022/23 财年的 ESG 报告，其披露的范围 3 排放包括差旅、产品运输、员工通勤、售出产品报废处置等 9 个类别，合计排放量达到 1 874.15 万吨二氧化碳当量，占到范围 1、范围 2、范围 3 总计排放量的 98.9%。范围 3 的管理难度可想而知。

作为"链主"企业，联想积极推动产业链企业减排。2022/23 财年，联想与主要供应商一起启动了供应商减排计划。在联想的鼓励下，报告期间，45%（按采购金额计）的供应商承诺制定或已经制定了科学碳目标，较上一报告期增加了 17%。联想的目标是 95%（按采购金额计）的供应商能够落实科学碳目标。

联想还将自身 ESG 实践推广至一级供应商及产业链供应链上下游企业，促进企业降低运营对环境的影响，推广负责任材料采购，促进产品研发，提高生产质量，改善合作企业雇员的工作环境，保障员工合法权益。

与此同时，全球企业行业迸发的 ESG 需求本身也创造了全新的 ESG 服务市场。

2023 年，联想面向全球市场率先推出了 ESG 解决方案——乐循 ESG navigator，将自身的 ESG 实践经验沉淀为 ESG 服务与解决方案，以数智化手段打破组织壁垒，实现 ESG 数据驱动决策、流程闭环管理，有效赋能企业低碳转型与可持续发展。

这个数字化平台可以最大限度减少企业从零起步建设 ESG 的成本。其中环境合规板块通过将复杂的法规要求转化为系统数据模型，助力企业应对出海强制性法规与自愿性认证挑战，显著降低企业合规成本。这个 ESG 解决方案已经成为联想面向全球市场的五大关键行业解决方案之一。

赢在全球，赢在未来

出海就像一场探险，宝藏与财富是所有冒险家的终点，但这场旅程大概率不会鸟语花香，而是艰辛、复杂、危机并存。因此，当企业出海已经与"生死"挂钩，成本不菲的 ESG 何以成为企业的必答题？

王会文说："ESG 不只是合规，不只是管理供应链，ESG 所代表的价值观还决定了一家企业的 DNA，会影响整个企业做选择的方式，最终也自然会影响一家企业的发展。ESG 竞争力是在保证企业长远的利润。"而这也是联想一以贯之的长期主义的写照。

"一方面我们出海后，海外业务的增长必须践行 ESG 理念，符合 ESG 标准，让企业的商业价值变成对社会利益相关方都有利的实践，只有这样才能在当地扎根；另一方面，也要注重在创造环境价值与社会价值的同时，创造商业价值，思考如何可以让 ESG 更好助力企业业务发展，实现有意义的盈利。"王会文进一步解释道。

ESG 与"本土化"在此刻相会。ESG 要在本地实践，就要充分考虑本地市场的需求。全球 180 个市场，每个市场都有根植本土市场的 ESG 价值。出海企业在本土市场推动负责任商业行动，将使本地化业务增长更加稳定，以此提升自身的全球化发展水平。

技术创新，则是联想践行 ESG 的另一张王牌。通过把 ESG 与联想的业务和技术创新融合，能释放更大的价值。实际上，也只有依托更多的科技创新，才能真正提高能源要素的使用效率，减少对自然生态的破坏。

创新、本土化、可持续，联想集团的三大发展方向最终汇聚于"长期主义"。当越来越多中国企业走上全球化之路，联想仍然是最佳的观察样本之一。20 年砥砺前行，国际化不仅成为联想生命力的基底，也成为联想难以分割的品牌印象。联想集团证明，国际化要靠长期主义，品牌建设更要靠长期主义。

品牌手记

品牌的力量，源自时间的沉淀

品牌建设是企业成功的关键因素之一。但在激烈的市场竞争中，企业往往陷入追求短期收益的怪圈，而忽视了品牌的深远影响力。

后疫情时代，一个微妙的变化是，勤奋正在取代张扬个性成为企业的主流叙事，在全球范围内皆是如此。经济遇冷时，那些更能抵抗周期的特质，就变得迷人起来。长期主义强调的是建立品牌的稳健基础，而非短期的市场喧嚣。在穿越周期的当下，许多企业再次成为长期主义的信徒与追随者。

联想集团经过 20 多年的砥砺前行，才让其国际化的品牌形象赢得员工、生态链合作方和消费者的认可。如果没有耐心和恒心，也就无法让品牌走入人心。只有长期积累口碑和信誉，企业才能够在全球化的市场中稳健前行。

品牌建设需要企业在产品、服务、文化等多个维度上持续进行投入和创新。市场在变化，技术在变革，用户的需求也在不断演变，一个长青的品牌需要企业不断创新。在每一次转型中，联想集团都始终举起"先锋"旗帜，2004 年是国际化，2014 年是多元化，2017 年是人工智能，联想集团的先锋精神令其品牌的生命力和竞争力长盛不衰。

长期主义还注重品牌与社会责任的结合。在今天，用户越来越青睐那些积极履行社会责任、创造社会价值的企业，而关注社会责任的内核逻辑本就与可持续发展挂钩。联想集团在长期主义的品牌建设中融入社会责任的元素，通过实际行动展示企业对社会的承诺，从而赢得社会广泛的好感和尊重。

联想集团的国际化依靠长期主义，品牌建设也要靠长期主义。长期主义不仅是一种品牌战略，更是一种企业文化和经营理念，一种全面、系统的战略思维。在追逐短暂成功的同时，不要忘记品牌的力量来自时间的积淀，唯有经得起时间考验的品牌，才能够在时代浪潮的起伏中屹立潮头。

作者简介

杨煜，每日经济新闻记者，长期跟踪能源、科技产业板块，专注于商业分析和公司治理研究，其作品曾获得四川新闻奖一等奖。

中国制造，一起努力：
海信出海"加速度"

彭斐

品牌档案

海信家电（SZ000921）

品牌价值 656.38 亿元

2024 中国上市公司品牌价值榜 TOP74

2024 中国上市公司品牌价值海外榜 TOP29

2024 中国上市公司品牌价值活力榜 TOP18

2024 中国家电行业上市公司品牌价值榜 TOP5

海信视像（SH600060）

品牌价值 394.18 亿元

2024 中国上市公司品牌价值榜 TOP145

2024 中国上市公司品牌价值海外榜 TOP35

2024 中国上市公司品牌价值活力榜 TOP29

2024 中国家电行业上市公司品牌价值榜 TOP7

（数据来源：每日经济新闻和清华大学经济管理学院中国企业研究中心联合发布 2024 中国上市公司品牌价值榜）

依靠技术创新，海信从昔日的地方国营小厂，成长为全球显示行业巨头：2023 年，海信系电视出货量蝉联全球第二，继续巩固并改写了全球家电市场竞争格局。

成立于 1969 年的海信，如今在上海、深圳、香港和东京拥有多家上市公司，如海信视像（SH600060）、海信家电（SZ000921）、乾照光电（SZ300102）和三电控股（6444）等。2023 年，海信全年营收首次突破 2 000 亿元，利润总额 137 亿元，同比增长 11%。其中海外收入 858 亿元，同比增长 13%。

"全球第二"的海信所展现出中国制造的韧性与灵性，也成为中资企业最为明显的符号。

以海信为代表的中国品牌，依托过硬的技术创新能力、行之有效的全球化经营，积极参与国际化竞争，让中国制造更有底气……

引子

在全球市场叫响品牌，几乎是所有中国企业的夙愿。

2010 年南非世界杯，国内媒体抛出了这样一个问题：什么时候我们才能在世界杯上像阿迪达斯、可口可乐等国外大品牌那样收获荣光和收益？

12 年后，卡塔尔世界杯赛场上，再次成为世界杯官方赞助商的海信，回答了世界杯之问：在多场全世界关注的焦点赛上，海信在场边围挡上亮出了惊艳全球的中国口号！

在卡塔尔对阵厄瓜多尔的揭幕战上，位于绿茵场场边"中国第一，世界第二"的大幅汉字进入观众视野，抢镜的同时，也让世界都感受到了海信在全球市场十足的底气。

2022 年 12 月 6 日，海信再次用"中国制造，一起努力"的口号，刷新了卡塔尔世界杯球场围挡的广告。

作为来自中国的家电龙头企业，海信为中国制造、中国产业呐喊，展现了中国制造的实力和自信：从一个崛起的中国品牌到为整个中国制造业发出强音，从强调个体的实力到聚焦产业群像，海信在世界顶级赛事舞台呐喊助威，也是在努力树立中国制造的全球形象。

记者谈及为何赞助钟情于顶级体育赛事？海信集团董事长贾少谦说："因为海信要走全球化发展的步伐，而全世界的大品牌都走过这样的阶段，特别是面向消费者，而且我们也从全球化发展当中看到了这种收益。"

事实上，中国企业"出海"的征途上，海信并不是"一个人"在战斗。大量本土企业在不同领域走向行业领先，使得中国正在成为孕育着丰富创新实践的沃土。

更为重要的是，随着中国综合国力的增强，在全球年轻一代消费者眼里，"中国制造"已经不再是一个羞于展露的概念，使用"中国制造"品牌，反而展现出一种信任与荣誉。

鏖战顶级赛事：值不值、亏不亏、赚不赚？

"有一件事我们一直很疑惑，为什么每次赞助欧洲杯或者世界杯之后，总有人来帮着我们算账，算一下我们的赞助到底值不值、亏不亏、赚不赚？做品牌是长期主义者的共同选择，这原本就不是一笔计较于当期投资收益率的经济账，而是一条漫长的征途，在我们决定迈出做自主品牌'造船出海'的第一步时，就做好了面对一切猜测和质疑的准备。"海信集团品牌管理部负责人庞静的这一席话，说到了品牌的本质。

品牌崛起"加速器"

回忆起 2016 年 1 月某天晚上接到的一通电话，庞静至今仍有一种大幕就此拉开的使命感。

作为海信集团品牌管理部负责人，彼时的庞静一定想象不到，仅仅五个月后，海信（Hisense）就将拉开中国企业赞助顶级足球赛事的第一序章。

"集团已经决定赞助今年的欧洲杯，你抓紧策划一下怎么运营。"当时致电庞静的是海信集团时任董事长林澜博士。

该届欧洲杯在 2016 年 6 月开幕，自接到电话起，留给庞静和品牌营销团队的时间不足 150 天。在此之前，还从未有过一家中国品牌出现在欧洲杯的官方赞助列表里。

首次接触欧洲杯的庞静和同事们在忙乱和忐忑中迎来了海信在海外绿荫地里的首次亮相。

2016 年欧洲杯开幕式上，巴黎附近的圣丹尼斯法兰西大球场被布置成了法兰西庄园的模样，当海信的赞助广告出现在赛场周围时，就连央视主持人在播报新闻时也不由得感慨道："欧洲杯 56 年以来，第一次和中国产生了关系。"

由此，海信打响了中资品牌赞助国际足球顶级赛事的第一枪。而足球顶级赛事历来是世界级品牌崛起的"加速器"。曾经，可口可乐、索尼、三星等世界级品牌，均通过持续与世界顶级赛事绑定的策略，实现品牌的跃升和企业的跨越式发展。

同时，随着赛事的关注度提升，赞助门槛也越来越高，再加上每个品类的排他性，这些吸引全球数十亿球迷的赛事，除了是一场足球的盛宴，其赞助商阵容的演变，也更像是一张展现全球区域经济和产业格局变迁的"晴雨表"。

20世纪80年代到21世纪头十年，日本长期占据全球第二大经济体的位置。从1992—2004年的4届欧洲杯，每一届至少有3家赞助商来自日本，1992年更是多达4家，其中JVC从未缺席。可随着移动互联网时代的来临，日本消费电子产业光环减退，赞助欧洲杯的日企也逐渐减少，2008年和2012年分别只剩2家。

伴随着中国成为全球第二大经济体，2016年欧洲杯正是中日企业实现交接的一届。赞助商阵容中，夏普退出，海信首次进入；产业格局变迁中，海信则在2015年收购了夏普在墨西哥的工厂。

在2016年欧洲杯的赞助首秀中，海信获得了前所未有的曝光机会。数据显示，2016欧洲杯的全球收视累计观看人群超过66亿人次，仅中国就有12亿人次观看。其中，欧洲杯决赛观看人群超过3亿人次，微博相关话题阅读量更是超过200亿。

根据益普索调查数据，海信在欧洲五国（英国、德国、法国、意大利、西班牙）的品牌认知翻番，在海外11个调查国家的知名度从31%上升到37%。

赛后，海信在欧洲各国业务开展，立刻有了不同的反馈。时任海信法国总经理贺文博感慨："最大的一个感受就是，介绍海信时少费很多口舌。之前招聘白色家电销售经理，广告打出去三五个月没有人愿意来，但是赞助欧洲杯以后，再去招聘就非常容易。""赞助欧洲杯后，我们终于走进了Darty这个法国最大渠道商CEOShultz的办公室。这一步，走了好多年。"

这笔生意值不值

在2016年欧洲杯后，尝到甜头的海信对于顶级足球赛事的赞助热情，就没有间断过。未来最近的一次，将在2024年发生。

2023年9月1日，在2023年德国柏林国际电子消费品展览会（IFA2023）开幕式上，海信集团总裁于芝涛正式宣布："海信正式成为2024德国欧洲杯的全球官方合作伙伴！"

这是继2016年欧洲杯和2020年欧洲杯后，海信第三度与欧洲杯携手。加上2018

年、2022 年世界杯，海信已经连续第 5 次赞助世界顶级足球赛事。这样的力度在中国企业里前所未有。

"这种将赞助世界顶级赛事进行到底的坚持，表达了海信坚持做自主品牌并成为世界级品牌的坚定决心。"海信集团董事长贾少谦表示，品牌的跃升和企业跨越式发展，离不开对全球化体育赛事的参与、赞助和融入。

这方面，数据不会说谎：从赞助欧洲杯的 2016 年开始到 2022 年，海信海外销售收入从 196 亿元增长到 757 亿元，海外收入占比从不到 20% 上升到 41%。

如今，随着品牌知名度的提升，即将再次踏上欧洲杯征途的海信与 2016 年的初来乍到已经截然不同：现在全世界的球迷们，不会再打开手机和电脑搜索栏去查看海信究竟是谁。

事实上，体育运动是一种能够突破国家之间政治、文化、语言等各种障碍的通用性标签，而体育营销是世界级品牌普遍采用的一种方式，所以寻求这种标签的，也不只海信一家。

《每日经济新闻》记者梳理发现，2016 年，赞助欧洲杯的中国企业只有海信；2021 年，中国企业已经成了欧洲杯顶级赞助的最大输出国——12 家顶级赞助商中，中国企业占到 4 席。而 2022 年卡塔尔世界杯官方赞助商中，除了海信，还有万达、蒙牛、vivo 和雅迪等中国企业。

不过，赞助国际顶级赛事投资大、风险高，常有赞助商赛后陷入经营困境。海信多次赞助国际顶级赛事，也时常面临诸多质疑。从 2016 年首次赞助欧洲杯之后，海信的高管们就经常被追问同一个问题：赞助欧洲杯和世界杯这笔生意究竟"值不值"？

"有一件事我们一直很疑惑，为什么每次赞助欧洲杯或者世界杯之后，总有人来帮着我们算账，算一下我们的赞助到底值不值、亏不亏、赚不赚？"庞静说，"做品牌是长期主义者的共同选择，这原本就不是一笔计较于当期投资收益率的经济账，而是一条漫长的征途，在我们决定迈出做自主品牌'造船出海'的第一步时，就做好了面对一切猜测和质疑的准备。"

不过，2022 年世界杯决赛前夕，海信在卡塔尔多哈举行全球客户大会，海信非常相信："不管谁夺冠，我们和在座的各位都是这次世界杯的最后赢家。"

而据国际足联估算，卡塔尔世界杯的全球观看人数超过 50 亿。作为官方赞助商，海信获得了有史以来最多的曝光、关注与讨论。

如今，海信的全球知名度从 37% 上升到 59%，超出了不少国民的想象。借用一位网友的评价：万万没想到海信全球化率如此高。

然而，长期以来，还是有不少人好奇：为什么是海信这一看似与体育无关的家电品牌引领了中国企业赞助顶级赛事的时代？

要了解这一切，还要从一句"大头在海外"说起。

大头在海外："造船出海"，打造自主品牌

所有"走出去"的中国企业，都面临着两个必答题：国际化的路径与方向。当时，中国多数家电企业选择 OEM（代工贴牌）、"借船出海"；海信却偏偏挑了一条可能是最难走的路——"造船出海"，打造自主品牌。

出海，突围 OEM

"大头在海外"这一口号的第一次提出是在 2004 年，正好是海信成立 35 周年之际。那一年，海信主导产品的海外销售收入达到 2 亿美元。

2005 年，海信的管理层预期销售目标是 5 亿美元，其中彩电销售占近 3 亿美元。这个翻了一番多的预期，绕不开一个标志性事件。

2001 年，中国加入 WTO 后，内地（大陆）就加速从亚洲四小龙手中接棒成为世界工厂，"中国制造"有口皆碑的品质，可以说让各大家电企业订单接到手软。

在那个 OEM 大行其道的时代，打造自主品牌出海的战略规划在海信内外部都引起了不小的讨论，许多人甚至不理解海信为什么要"造船出海"。

OEM 是一种"代加工"生产方式，指品牌拥有者不直接生产产品，而是利用自己掌握的"关键核心技术"，仅负责设计、开发、控制销售渠道，具体的加工任务则交给别的企业去做，也就是大家常说的"贴牌生产"。

OEM 的生产方式在家电、服装、IT、汽车配件等领域获得了巨大的发展。彼时，OEM 为中国对外贸易顺差做出了重要贡献。乘着 OEM 的东风，"Made in China"给全

世界留下了物美价廉的深刻印象。

在接受《每日经济新闻》记者采访时，海信国际营销常务总裁方雪玉回忆称，2006 年以前，海信海外发展大多以 OEM 为主。"做 OEM 多容易，是简单贸易、一卖了之，靠降价促销就有钱赚了。"大多数人当时都是这样想的。

不过，彼时海信的管理层显然也已经意识到，这种赚钱方式并不牢靠，命运要抓在自己手里。

在贾少谦的记忆中，海信国际化战略的背景是，中国家电产业进入震荡调整期，国内产能过剩，市场竞争激烈，中国头部家电企业纷纷转战海外发展。

2004 年，海信集团时任董事长周厚健在海信成立 35 周年大会上坦诚地讲道："与其他一些企业在海外进行大规模并购相比，海信的海外之路是相对稳健的。在未来几年内，海信在市场上的增长比例大头在海外，要搭好我们的海外市场格局。"

之后的 2005 年年初，周厚健便指出，以 2004 年为分水岭，中外家电企业第一轮艰苦较量基本结束，而在全球范围内展开的第二轮以技术为核心的较量将马上开始，中国企业将面临更为严峻的考验。想在国际家电企业中占据领先地位，首要的条件还是技术。周厚健称："海信的目标是，到 2010 年，要做一个在国际范围内有竞争力的品牌。"

2006 年海信并购科龙，周厚健邀请科龙老臣林澜加入海信，做海信国际业务的一把手。据林澜后来回忆："周董说海信暂时给不了我太高的待遇，但海信会给我一个世界级的大舞台。实话说，我被打动了。尽管这在当时还只是一个梦想。"

那一年，海信成立国际营销公司，将科龙的冰箱、空调等海外业务并入，正式确立"未来发展大头在海外"的国际化战略。

当时，所有"走出去"的中国企业，都面临着两个必答题：国际化的路径与方向。当时，中国多数家电企业选择 OEM（代工贴牌）、"借船出海"；海信却偏偏挑了一条可能是最难走的路——"造船出海"，打造自主品牌。

体育营销的力量

也是从那时（2006 年）起，海信的海外业务，从单纯的 OEM 发展到"健全营销体系，追求自主品牌"阶段。

这就意味着，再做海外业务就必须拓渠道、做市场、打品牌。据一位海信集团高管回忆："这涉及产品、营销、渠道、服务等很多方面，多了十倍、二十倍的工作量。当时很多海信员工并不理解。"

但这一目标却已被公司高层所确定。刚刚接棒海信国际市场的林澜曾在参加德国 IFA 展期间，与周厚健有过一次深聊。原定一小时的谈话，最后谈了六个小时，一直聊到第二天早上 4 点才结束。

林澜提出提高海外工作人员的待遇，建立海外研发中心进行本土化研发等要求，周厚健表态："你的要求我都答应，但是有件事你得答应——必须做自主品牌。OEM 只能做短期，因为 OEM 赚钱，但是如果不做海外品牌，企业就没有前途了。"

要从简单的卖货变成长期经营自主品牌，这是企业的未来，是建立"百年海信"的根基之所在。但在那时的中国家电行业中可以说几乎没有人确切知道如何在海外做品牌。

主动割舍掉 OEM 订单的海信经历过一段痛苦时光，内部也有不理解的声音。林澜将自主品牌占比纳入国际营销年度考核："就算总收入完成了 100% 增长，但如果自主品牌没有达成预定的增长目标，也是没有完成业绩指标。"

海信的策略是踏踏实实地在海外扎根，坚持制造、研发的本土化，这是赢得当地国家和市场信任的基础保证。通过研产销本土化，海信得以直面市场、了解消费者需求、洞察行业信息，并反过来作用于自身技术的升级，从而开发出适销对路的产品、赢得消费者口碑，最终在当地市场扎根。如何让海外消费者和渠道更快地接受海信却是个问题。"打入海外各国的零售渠道，跟它们搞好关系，就像煲汤，得慢慢熬。"

就在海信的国际贸易人员尝试寻找最有效的方法时，机会首先出现在澳大利亚。

2008 年，海信澳洲公司发现了"冠名澳网公开赛体育场馆"的机会，当时，无论是对于澳洲公司、国际营销总部还是对于海信集团，这都是一笔昂贵的品牌费用。经过慎重考虑，2008 年的澳网公开赛上，Hisense 大大的 logo 第一次立在了大洋洲的球馆上。

自此，海信一口气连续赞助了 7 年澳网公开赛。最初海信电视在澳洲销量市场占有率排名进不了前十，到赞助进行到第 7 年的时候，其销量的市场占有率已经到了前三，而现在海信在澳洲销量的市场占有率已经稳居第一。

海信人更愿意把赞助澳网视作一个象征，一个清晰的信号——必须走自主品牌之路。海信集团高级副总裁朱聃曾表示："赞助澳网是一个很关键的决策。总部决策赞助澳网，而且是金融危机的时候赞助澳网，给了我们这些在前线推自主品牌的人很大的信心，这意味着自主品牌是集团坚定不移的战略。"

从目前来看，正是这笔赞助让海信第一次体会到了体育营销的力量，同时海信也在思考，澳洲公司结合体育赛事的成功案例，能不能也复制到其他海外地区公司？于是海信正式进入了家电企业赞助顶级体育赛事的时代。

从"冠名澳网公开赛体育场馆"到澳网公开赛，再到 F1 红牛车队、美国纳斯卡大奖赛以及德甲沙尔克 04 的高级合作伙伴，再到连续赞助欧洲杯与世界杯，15 年体育营销之路让海信深刻体会到体育赛事是世界通行的语言和沟通方式。

然而，对企业来说，光"认识"还不够，如何真正实现本土化，下沉到当地市场中去，才是更棘手的问题。

本土化：不在家里做海外市场

很多中国企业是"在家里做海外市场"，但海信是"本土化"运营逻辑。海信在海外有 66 个公司和办事处，并且海信一直在强化海外区域总部的组织和能力建设，努力在当地实现产销研一体，从而在面向本地的客户和渠道时，能做到快速反应。这是海信对于品牌出海的经验之谈。

产销研本地化

2009 年 3 月，方雪玉被任命为欧洲大区的总经理。她至今还记得开发第一个德国渠道的场景。当时，他们三人早上五六点出发，开车 8 个小时找到渠道采购去谈。可对方匆忙见了一面，连样机都没有打开就走了。

三人只好又拖着样机回来。第二次又去，对方终于打开了样机，看了一眼，却要求他们重新报价。

原来，当时海信在海外市场对标 LG、三星，制定了高质中价的 B 品牌策略，即从中档品牌开始进入。可对方仍嫌报价太高。

方雪玉三人把样机放到后备箱，每个月都去拜访，甚至到该渠道下面的店铺去调研，了解每一家店的价格定位，再回过头来告诉对方，产品有哪些优势，有哪些不同的功能……

"如果低不下头、吃不了苦，不可能打进去，因为各个品牌在渠道的份额都是固定的，想要打进去得有自身的优势。德国市场对新品牌不易接受，当时市场开发挺痛苦的。"方雪玉回忆道。

一直到半年后的 2009 年 9 月，海信终于开拓出德国市场第一个渠道，拿到了第一笔 100 多万欧元的订单。此后，海信把欧洲总部从比利时迁到了德国。

随着欧洲不同国家市场网络的开拓，派驻海外的营销人员很快出现了人手紧缺的现象，全靠从国内派人并不现实，都由总部运营调度周期过长，必须贴近渠道和客户，实现营销业务的本地化。

"海信要做自主品牌，做好售后服务，就要有当地分公司做售后、物流。"方雪玉介绍道，那些年海信先后成立德国、英国、意大利、西班牙等多个海外公司和分支机构，大量招聘本地雇员，才能迅速搭建起欧洲营销网络。

可问题随之又来了。海信的高层发现，这只是把中国家电销到了欧洲，缺乏适销对路的产品让海信在当地消费者面前缺乏吸引力，进而导致品牌在市场角逐中缺乏竞争力。

欧洲看似一个整体，却由众多国家和民族构成，各国语言、渠道、消费习惯和观念以及经济发展程度各不相同，需求更是千差万别。"欧洲是一个复杂的市场，完全不能按照一个标准来对待和操作。这也是欧洲与其他市场相比的不同之处和难点所在。"常年在欧洲打拼的海信国际营销副总裁韩建民说道。

"在欧洲各地设立分公司已经贴近市场了，但要真正贴近用户，就要知道用户需要什么样的产品，要有做用户体验或者做产品调研的研发人员，也就必须在海外成立研发中心。"方雪玉说道。

这种背景下，自 2013 年起，海信全球化战略进入到第三个阶段，即"产销研本地化"。这一年，海信先是成立了欧洲、北美研发中心，开始尝试针对不同国家或地区的消费需求研发适应本地市场的产品。从此，一系列针对海外特定需求的家电被设计出来。

比如，研发人员市场调研后发现，德国用户会把更多的食品放到冷藏里去，更喜欢 7：3（冷藏 70%，冷冻 30%）的比例。于是海信及时改变了在德国所售冰箱冷冻冷藏的比例。又如，欧洲用户普遍喜欢饮用冰水，海信针对这一需求研发出制冰冰箱，可以选择冰块、碎冰以及冰水三种模式，立刻在市场上热销。

再比如，南非用户尤其是家庭主妇喜欢照镜子，海信就将冰箱门改成了黑色镜面，成为爆款。海信家电集团预研技术部总经理王海燕说，如果不跟日本研发中心交流，她就不会知道日本人有冷冻热米饭的需求，"我们要想天天坐在国内办公室，就能研发出一款产品受国外用户喜爱，几乎是不可能的"。

小到冰箱上的按钮、拉抽屉关门的速度、拉出来的感觉等都要做详细研究，海信派驻的海外研发人员不断收集消费者以及终端销售人员的意见，不断向总部研发机构反馈。海信内部的 IPD 小组会做投入产出分析，科学评估产品的产能和市场需求，每一次产品需求的满足，背后都有一个严苛的产品研发管理体系。

不在家里做海外市场

在方雪玉看来，全球化必须是产品研发、制造、品牌和营销等全方位的全球化。"每到一个国家，我们都会把销售、市场、服务，甚至财务、人力资源等职能都建起来，使之成为一个完整的公司。"

当然，这也相当于在海外市场重新构建一个完整的产业链，实现真正的"本土化"运营。对中国家电品牌而言，这种尝试在海外市场，尤其是竞争格局早已成型的欧美市场，其难度可想而知。

不过，这套艰难的"本土化"打法，却如实地展现出了另一面。

以海信对欧洲高端白电品牌古洛尼（Gorenje）的收购为例。2018 年，海信为对斯洛文尼亚的家电企业 Gorenje 进行了收购。当时古洛尼的市场估值为 2.93 亿欧元。

2023 年 9 月上旬，《每日经济新闻》记者在古洛尼总部实地调研时，一位负责人表示，古洛尼是成立于 70 多年前的南斯拉夫企业，在欧洲各地生产和出口家用电器。但因连续 9 年亏损，迫切需要寻求一个战略合作伙伴。2018 年，海信增加其在斯洛文尼亚的家电商古洛尼的股权至 94%，最终完成对该品牌的收购，这也成了海信集团布局欧洲市场的新里程碑。

"一开始，斯洛文尼亚的一些民众对中国企业的到来能否带来改变也持怀疑态度，但随着引入资金，在效率、运营模式上进行变革，这家在 2019 年亏损几千万欧元的企业，在 2020 年逐步实现扭亏，并在 2021 年实现营业额快速增长。海信欧洲区整体销售额从 2019 年到 2021 年增长了 55%，还提供了数千个工作岗位，赢得了斯洛文尼亚人的欢迎。"上述负责人说。

当然，古洛尼业绩的改善，更多源于海外供应链体系的建立。在线下交流中，海信国际营销公司欧洲区一位负责人表示，以前提到海外供应链，可能只是一个狭义的制造基地或者加工厂；现在的供应链则需要端到端的能力，这条链条始于前端的消费者需求预测，止于终端的产品交付、库存管理。

"中国企业不走出去，在家里做海外市场，这显然不是'本土化'运营逻辑。"方雪玉说，在国际化 2.0 的时候，海信坚持做自己的品牌，这个时候海信不仅在海外设立分公司，而且同步设立海信的制造基地，还有研发中心，以支持海信在海外开发和生产符合当地市场需求的一些产品。她认为在风险可控的情况下，这种出海方式的机遇也很大。

值得注意的是，斯洛文尼亚仅仅是海信全球化布局的一个角落。在实现"本土化"运营过程中，除了收购欧洲高端白电品牌古洛尼，海信从 2015 年起密集展开了海外并购——当年收购夏普墨西哥工厂；2018 年收购日本东芝映像公司；2021 年，收购日本三电……

"海信现在在海外有 66 个海外公司和办事处，注重强化海外区域总部的组织和能力建设，努力在当地实现产销研一体，产销研一体的优势是面向客户和渠道，能快速反应。"方雪玉说。

2023 年 9 月 5 日，《人民日报》海外版有文章提到，随着中国制造业不断优化升级，中国家电正以"中国智造"的形象走向世界。一些中国家电企业设立海外生产基地以及配套产业链，助力当地产业升级，创造就业岗位，促进经济社会发展。

如今，随着中国家电行业逐渐成为实力的代表，越来越多的中资家电企业纷纷踏上了海外市场的"掘金之路"，海信这种积极与当地分享先进技术和经验的方式，也被诸多中资品牌所采纳。

不过，就在"本土化"在全球推进、"大头在海外"照进现实之际，海信也并不是无须再做改变。恰恰相反，这个巨头的变革从未间断。

眼睛向外，刀尖向内：全球化要矢志不渝

面对挑战，海信的口号是"眼睛向外，刀尖向内"：眼睛向外就是看别人的东西多学习，刀尖向内就是真正让自己"出血"，扎自己才可以让变革往前推动。

来自 B 端的雄心

2021 年，尚在海信集团总裁位置上的贾少谦曾向《每日经济新闻》记者表示："海信出海 30 多年，走出了一条不一样的国际化之路，出海 30 多年后的今天，我们可以非常自信地说，海信已经是一家跨国公司，Hisense 已经是一个国际化品牌。"

两年后的 2023 年全国两会前夕，再次谈到公司战略时，已经是海信集团董事长的贾少谦向《每日经济新闻》记者说，全球化的发展还是要矢志不渝的，因为海信提出"大头在海外"的梦想以后，一直在不断地拓展。2022 年海外收入占了 41%，实现了 757 亿元收入，未来全球化发展的路子对海信来讲还很长。

之所以这样预判，贾少谦显然有他的依据："海信家电产品的全球占有率还有巨大的空间，在消费类产品上可以突破。另外，海信 B2B 类产品，如海信的智慧产品、智慧交通、医疗设备、汽车电子，还有巨大的空间去发展，所以未来在成长过程当中很重要的还是把全球化做得更好，把占有率提升，并不断改善和提升产品品质。"

事实上，如果说过去十几年，海信用家电板块业务打开了国际市场，如今海信则携 B2B 业务加速"杀入"国际市场，一个立体、全方位发展的科技海信的形象已在国际市场上出现，并且其品牌影响力也在快速提升。

有业内评论人士指出，家电巨头海信不仅在悄然之间已经成为中国智能交通的龙头，并作为这个行业的"隐形冠军"在全球开始"攻城略地"。实际上，海信同时是全球领先的光通信器件供应商，其商用空调也稳居国内多联机市场第一位，在精准医疗、光通信、商用多联机、汽车空调系统等 B2B 产业板块完成了布局，形成了从以家电为代表的 B2C 产业为主到 B2C、B2B 并重的产业布局。

"提前布局 B2B 产业并开拓海外市场，是海信面对全新竞争环境选择的新突破

口。"贾少谦说，"海信持续推动产品向高端转型，产业链向高技术延伸，产业架构向高科技转移。"海信 B2B 业务阔步走出国门，体现了海信产业转型升级的决心。

在 B 端展露雄心的同时，海信也对其看家产业——家电重新进行了梳理和调整。

作为全球充分竞争的行业，近年来，家电产业进入瓶颈期，向海外突破，成为国内家电企业寻求增量的重要途径。

2021 年以来，尽管面对全球经济复苏基础不牢等诸多不确定性因素，海信、海尔、美的、创维等中国家电龙头企业，仍继续加快品牌出海的步伐。

在家电产业全球市场萎缩的情况下，多年的布局让海信在 2022 年实现了稳健增长。2022 年，海信全年营收 1 835 亿元，利润总额 122 亿元，同比增长 20.4%。其中海外收入 757 亿元，自主品牌占比超过 83%。

这一数据，也是海信制定"大头在海外"战略时选择"造船出海"的最好回应。

然而，在 2023 年 2 月底，对于这一成绩，彼时刚上任海信集团董事长不久的贾少谦，在首次面对媒体和公众时却多次说"必须冷静再冷静"。

"海信有 10 万名员工，2022 年贡献了 1 835 亿收入，坦诚地讲，我们认为还是少了。"贾少谦向《每日经济新闻》记者分析道，"少的原因是什么？说明增长方式不够，说明模式还是不够，与世界最先进的公司相比，差距还是很大"。

向价值链中高端迈进

在一位不愿具名的家电企业高层的记忆中，海信国际化战略的背景是，中国家电产业进入调整期，国内产能过剩，市场竞争激烈，中国头部家电企业纷纷转战海外发展。

而现如今，全球彩电市场也面临着与国内市场类似的萎缩现状。据研究机构 TrendForce 数据，2022 年全球电视机总出货量仅 2.2 亿台，增速为 -3.9%，创近十年来电视行业最差纪录。TrendForce 进一步预测，2023 年该规模或在 1.99 亿台，较 2022 年再减少超 2 000 万台。

受这一下滑趋势影响，三星、LG 等全球头部品牌，均以布局高端产品作为对冲的主要手段。当然，海信也早已意识到中高端产品的重要性并着手布局。

一方面，在纵深上游产业布局上，2023 年 1 月，海信完成了对乾照光电的控股收购，布局下一代显示技术 Micro LED 芯片产业，并计划继续加大对 Micro LED 产业的投资力度。

另一方面，通过对东芝电视、三电控股等一流企业的收购，海信不断加强供应链韧性，并充分借助国内新能源汽车崛起、供应链重构的机会，向车载显示、抬头显示（激光 HUD）、智能驾舱等汽车电子领域拓展。

贾少谦说："中国的经济增长模式跟过去不一样，20 世纪 80 年代开始出口靠贴牌，靠低质量的价格产品出口，今天的中国企业不管是消费电子产品还是其他的消费品，甚至鞋帽衣袜，都已经在考虑往中高端转移。"

"制造业必须以技术创新做支撑，稳步向全球价值链中高端迈进。"在向中高端变革的同时，贾少谦和海信的其他管理层也发现了理想和现实之间的差异。

当然，这种差异最直接的体现就是与同行对比。2023 年 2 月底，当首次以海信集团董事长身份面对媒体时，贾少谦不止一次提到来自韩国的同行——三星电子。

"众所周知，三星这家企业不断地出问题，2022 年三星电子利润却高达 300 多亿美元。三星一定有良好的顶层设计和治理模式，这种顶层设计和治理模式能够让它克服各种各样的挑战或者波折，总能长治久安，它的创新能力到今天为止仍然是世界一流的。"贾少谦说，海信要做一家百年企业，要做一家全球化的企业，就应该去寻找一个让企业长治久安的顶层设计和治理模式。

为了寻找症结，海信在 2022 年请了多个咨询机构来给其会诊，从战略定航项目、组织人才、战略管理体系、流程信息化的变革四个方面，做了四大课题。

贾少谦说，今天的海信从整体规模来讲已经达到 1 800 多亿元的规模，不算太大，也不算太小，恰恰处在企业发展的一个转折期，这个转折期又正好碰到全球化趋势在变化，人工智能、互联网应用技术快速发展，这也给企业转型带来了新的挑战。

面对挑战，海信的口号是"眼睛向外，刀尖向内"：眼睛向外就是看别人的东西多学习，刀尖向内就是真正让自己"出血"，扎自己才可以让变革往前推动。

在贾少谦看来，"在未来的成长过程中，海信既是在传承，同时又在突围，积累了这么长时间，海信的产品、技术、品牌都有了很好的积累，而全球化本身又是一个复合型的因素，一定是多种因素的叠加，才能让一个真正的世界一流品牌树立起来，这个过程是漫长的，但 10 万海信人充满信心"。

变革的深夜与黎明：高端化是中国品牌的巨大机会

产业高端化和高端产业化是必然趋势，因为红利的消失迫使企业必须放弃以低价和"走量"来取胜的办法，必须进入到门槛（技术门槛、品牌门槛、品质门槛）更高的维度进行竞争，构建自身的核心战略控制点，如此，才能在全球竞争中持续取胜。

击退 S 品牌

2023 年 9 月 1 日，IFA 2023（Internationale Funkausstellung Berlin 2023，即 2023 年柏林国际电子消费品博览会）正式开幕。

时隔三年，这个全球三大电子展之一的展会也正式大规模回归线下，参展商的热情不减，来自中国的企业携大量新产品与新服务登陆欧洲。

作为全球少数同时覆盖黑电、白电和厨电的家电品牌，海信史无前例地租下占地 2 600 平方米的整个 23 号会场，集中展示了电视、冰箱、厨电等多品类产品。顶级赞助的权益也让所有参展商的证件打上了"Hisense"标识。

这让海信集团海外业务的一位高层不禁感慨，2009 年海信第一次参加 IFA，大赞助商尽是"S"品牌（Samsung，Sony），初来乍到的海信没能订到一个展台，只好在临近的酒店租了一个不足百平方米的小场地，邀请经销商前来参观。

从 2004 年开始，海信提出"大头在海外"的目标，就把欧洲作为国际化的重要方向。因为家电业内有这样的共识——欧洲、美国与日本是全球最高端的市场，引领着国际产业发展趋势。只有占领这三个市场，才能算是世界级品牌。

这十多年来，海信秉承着长期主义的信念，在欧洲市场闯过营销、研发、产能、品牌等重重关卡，如今终于成为全球家电业博弈欧洲市场的主角之一。从无人知晓到逐渐家喻户晓，从微薄的销量到占据欧洲市场份额的 9%，且连续多年业绩增长 20% 以上。除本土外，欧洲已成为海信产业链最齐全、规模最大的海外市场。

相比于来自厂商的热情，2023 年全球消费电子行业却略显"冷清"，传统欧美市场需求持续疲软。不过，也有中国家电龙头企业在欧洲市场继续"攻城略地"，逆势增长。

在 IFA 2023 正式开幕当日，一位海信高管发了这样一条微信朋友圈：此次 IFA 所有参展商的绳带和参展证件全标有 Hisense Logo，这是十年前 S 品牌才能得到的权益，2023 年海信得到了，我们做到了十年前海信尚未做到的事情。

他所说的"S 品牌"，正是英文以 S 开头的家电巨头三星、索尼、西门子。欧洲高端家电市场份额原本被日韩欧美企业占据，如今，随着中国企业产品力、品牌力的提升，以及市场渗透率的逐渐增加，中国家电企业已成为欧洲高端家电市场的新力量。

根据市场研究机构 Omdia 的调研数据，2019—2022 年，海信系电视出货量从全球第四上升至全球第二。其中 2022 年海信系电视全球出货量同比增长 16.1%，是全球出货量前五品牌中唯一增长的企业。

海信国际营销副总裁韩建民表示，八年前的海信，在欧洲市场营收不足 1 亿欧元，而今天在该区域年收入已经超过 30 亿欧元，其中电视从不足 1% 的市场占有率提升至当前的 9% 左右。

IFA 2023 开幕演讲中，于芝涛宣布海信正式成为 2024 德国欧洲杯的全球官方合作伙伴。这将是海信第三次成为欧洲杯的赞助商。与前两次不同，这一次，海信在欧洲市场的目标是——主要家电产品市场占有率全面突破 10%。

10% 市场占有率，被业界认为是晋级一个市场顶级玩家的基准线。从 2016 年之前不被欧洲消费者所认识，到 2021 年 5% 的市场占有率，再到 2024 年 10% 的市场占有率的目标，跨越这一重要节点，意味着海信将成为这个高端市场上的主流品牌，"用户为中心、场景为驱动"的产品和理念将深入欧洲家庭。

对于如何在与三星、西门子等巨头的竞争中占有更多市场，方雪玉直言："坦白地说，首先第一个还是产品和技术，如果没有好的产品和技术，你跟谁也竞争不过。所以领先的产品和技术是根本，如果要去抢份额，这是第一要素。"

赢得破局先机

在全球化发展大势下，中国企业正不断获得新的全球发展机会。随着国际影响力的逐渐提升，以海信为代表的中国家电品牌，正在进入出海的关键时刻。对于中国出海品牌而言，"走出去"固然重要，但品牌要真正实现全球化，更重要的是要"走进来"，走进消费者内心，赢得当地消费者的信任。

"高端化是包括海信在内的中国家电品牌的巨大机会，当下正是转型最合适的时机。"在全球知名市场咨询机构 GfK 全球战略首席顾问 Norbert Herzog 看来，具备技术优势、创新能力、具备附加值的产品与消费者价值观贴合的产品，会带来"溢价"的空间——关注环保、节能、以生态和可持续为导向的家电消费品将具备增长潜能。

这一洞察已有品牌实践。"我们看到了很多品牌，也看到了海信，这些品牌致力于为消费者提供更生态、更可持续的家用电器，正在进一步努力。"Norbert 表示。

贾少谦表示，产业高端化和高端产业化是必然趋势，因为红利的消失迫使企业必须放弃以低价和"走量"来取胜的办法，必须进入到门槛（技术门槛、品牌门槛、品质门槛）更高的维度进行竞争，构建自身的核心战略控制点，如此，才能在全球竞争中持续取胜。

如今，"高端化""智能化""绿色化"构成了中国制造业高质量发展的鲜明底色。在追求高质量发展的过程中，海信始终坚持以慢求快、行稳致远。坚持以前沿技术为引领，不断在技术创新上积累、沉淀；坚持将"永续经营"写进企业价值观，不为眼前的短期收益自乱阵脚，而要获得足以成为百年企业的良性增长。

以显示产业为例，从十几年前开始，海信相继开展国产电视芯片、激光电视和 ULED 技术的研发，就是要打破电视高端显示技术由国外垄断的格局，掌握未来竞争的话语权。基于持续的芯片、ULED 及激光显示等技术创新，基于高端大屏引领行业走势的现状和品牌溢价能力的提升，在全球电视行业整体环境低迷的情况下，海信以稳健增长赢得了破局的战略先机。

贾少谦以"技术变革的深夜与黎明"来形容当下的时代。他表示，随着以 ChatGPT 为代表的生成式大模型技术出现历史性突破，世界已进入继蒸汽机、电气化、互联网之后的第四次技术革命大周期中。新的革命性技术的到来，对无论多大的企业来说，都意味着巨大的挑战与风险，同时，也孕育着巨大的机会和突破口。

🕮 品牌手记

中国制造的自信，一起努力的愿景

企业的发展、品牌的成长都与营销密切相关。

体育营销是最容易被目标顾客群体所理解和感知到的营销手段，能够获得更好的市场效果。现代营销学认为，对于消费品而言，采用体育营销手段能够帮助品牌比其他营销手段获得三倍以上的品牌忠诚度，可以获得更积极的情感联系和更强烈的记忆点。

在通过体育营销引导品牌全球化的发展路线上，海信用自己的长期实践做出了最好的示范效应。从海信身上，我们可以看到可持续性投资在品牌体育营销战略上的决定性意义。从 2008 年赞助澳网开始，海信在体育营销上已经走了 15 年，这种长线布局在中国企业里并不多见。

2022 年年底，在中国走出疫情阴霾的里程碑时刻，海信在卡塔尔世界杯赛场的围挡广告上，打出"中国制造，一起努力"8 个字，表达了为中国制造加油喝彩的初心。

正如新华社、人民网等媒体所写，从一个中国品牌的崛起到为整个中国制造业发出强音，从强调个体的实力到聚焦产业群像，海信在世界顶级赛事舞台呐喊助威，也是为提升中国制造全球形象而努力。

事实上，世界杯、欧洲杯是面向全球的形象展示窗口，也是超高标准的实力比拼擂台。从以往的积极参与者，到现在的"头号选手"，中国品牌在世界杯分量的加重，既显示了中国制造的品质自信，也跟中国制造在世界制造版图中与日俱增的地位呼应。

这里面，还有一点不容忽视，那就是中国制造军团的"一起努力"。正因为"一起努力"，中国制造才会不断做"大"——大在产能，也在影响。

大而全，提升了中国经济的韧性，也托起了全球供应链的稳定性。这些年来，每当国际市场上出现产品短缺，"补位"的主力都是中国制造。新冠疫情期间的防疫物资，世界杯上的基础设施，处处都跃动着中国制造的身影。

在当下这个市场环境下，科技、全球化和社会责任正在引领全球的营销航向，对于中国企业而言，只有一个海信作为标杆是远远不够的。只有不断思考、坚持和创新，才能勇立潮头。中国品牌必须学会让自己静下来，让思路和策略沉淀，不轻易被市场上的杂音干扰，开拓一条适合自己的、独特的路径。

作者简介

彭斐，每日经济新闻高级记者。专注上市公司和政经事件报道十余年，擅长产业剖析、财务分析和现场突破，在财经产业报道、调查报道、大型公共事件报道中卓有建树；作为主创人员参与的"ofo迷途"报道，荣获第二十九届中国新闻奖融合创新类一等奖，2018 年度四川新闻奖一等奖。

进化篇

贵州茅台

京东集团

茅台活力：
年轻化，
向未来

熊嘉楠

品牌档案

贵州茅台（SH 600519）

品牌价值 5 782.33 亿元

2024 中国上市公司品牌价值榜 TOP5

2024 全球上市公司品牌价值榜 TOP35

2024 中国上市公司品牌价值海外榜 TOP31

2024 贵州上市公司品牌价值榜 TOP1

2024 中国饮料行业上市公司品牌价值榜 TOP1

（数据来源：每日经济新闻和清华大学经济管理学院中国企业研究中心联合发布 2024 中国上市公司品牌价值榜）

2023 年，是茅台诞生的 72 周年。茅台用了大半个世纪的时间，克服贵州当地诸多地理限制，一步步成长为一个世界级的消费品品牌。如今，"茅台"二字，蕴涵着巨大的品牌价值和影响力。

2021 年，贵州茅台营业收入首破千亿元。然而，消费端多元化、年轻化等趋势愈发明显。面对品牌老化、行业产量不断减少的现状，茅台通过一系列营销改革放大品牌光环。在"茅台+""+茅台"大战略下，"茅台红"成为各年龄阶段消费者共同的时尚元素，即便在行业调整期，公司业绩依旧保持了双位数增长。

年轻化，向未来，再出发。迈入后千亿时代的茅台，用更加轻快的步伐，向着第一个"百岁"前进。

引子

茅台已逾"70 岁"，可它并未"老去"。

它需要创新，并迎接现代社会的潮流。在时光的涤荡下，茅台融入了年轻化的元素，焕发出勃勃生机。从传统到现代，茅台以坚持传承为基石，通过不断创新，赋予了酒体更多层次和丰富的风味，将百年的传统酿酒工艺与现代时尚进行融合。

从 2022 年 5 月 29 日茅台正式推出非酒类跨界产品"茅台冰淇淋"，到 2023 年 9 月 4 日推出"酱香拿铁"，再到 2023 年 9 月 16 日推出"酒心巧克力"，一共经历 476 天。

短短 476 天，"茅式三兄妹"相继面市。贵州茅台将触角伸向了更多领域，也让更多消费者了解了茅台。

当传统的品牌和年轻人产生更多的连接和共鸣，茅台也就获得了年轻化、向未来的更多活力。

年轻化初尝试——"i 茅台"登场

"站在新的时代风口，面对新的消费趋势，作为一个中国传统品牌企业，茅台要永远年轻，增强企业生命力，就必然要拥抱年轻人，拥抱'Z 世代'的年轻一代。"这是茅台集团董事长丁雄军在 2023 年多次说过的话，背后是一个老品牌年轻化的战略和决心。

"古老"的茅台，不得不"年轻"

"茅台"一词，原为"茅草台"，这是个充满诗意的词汇，且它的文化内涵其实比人们知道的更源远流长。

最初，宋代濮人[①]在河边祭台上种植茅草，以此来保护祭祀的先灵。随着时间的推移，祭台上逐渐长满茅草，遂被当地人称为"茅草台"，后来又被简称为"茅台"。

---

① 濮（pú）人，是先秦时期中原华夏诸族对其西南诸族，即今云贵高原及川渝南部地区诸民族的统称。

这就是茅台镇地名的由来。

而茅台酒，则诞生于贵州省酿酒历史悠久的茅台镇。茅台镇位于赤水河附近，四周环绕着青山绿水，环境优美。这里的水质清澈甘甜，硬度很低，富含人体所需的大量矿物质和微量元素。两山夹峙，茅台镇的地理位置处于峡谷地带，土壤呈紫红色，中度偏酸性，非常适合白酒的酿造。

茅台的前身可以追溯到 1952 年，当时三家旧烧房酒厂在国有化改革后合并成为国营企业。也就是 70 多年前的成义烧坊、荣和烧坊、恒兴烧坊的总称，而其中最晚成立的恒兴烧坊也有近百年的历史。

茅台酒历经时光的洗礼，不断传承发展，风雨无阻，至今仍保持着传统的酿酒技艺，成为中国酿酒业的瑰宝。这段悠久的历史为茅台酒赋予了独特的文化底蕴，同时也为其品牌塑造提供了坚实的基础。

然而光阴流转，时迁世易。即使是遵循古法酿造工艺的白酒行业，也不得不面对品牌老化的问题。

品牌老化也是许多专家研究的课题。著名品牌战略专家、央视品牌顾问李光斗认为："所谓品牌老化是指老的消费者退出，新的消费者没有补充进来，变成了提起品牌都知道，大家却没有消费欲望，最后就退出市场的情形。对任何一个品牌来说都要保持品牌的年轻化。"

厦门大学品牌与广告研究中心主任黄合水向《每日经济新闻》记者表示："任何一个品牌都希望获得一代又一代消费者的青睐。当一代消费者逐渐老去时，品牌必须不断地培养下一代年轻消费者，否则，市场就会逐渐萎缩直至消失。新老两代甚至三代消费者可能各自有不同的时代特征。"

在业内专家眼中，国际品牌大多经验丰富，懂得时刻着力塑造自己的年轻化形象，故而不让人觉得"老"。

比如，奔驰作为百年品牌，它的 logo（标志）变过很多次，产品方面有越野和其他新产品。现在的奔驰大 G 仍是年轻人活力的象征之一。还有香奈儿和 LV（路易威登），通过设计的力量，不断推出新款，让一代又一代消费者都喜欢它们。

品牌年轻化的方式有很多，但其中最核心的秘诀就是要保持和年轻消费者的沟通。

社交媒体和数字化时代的来临，为茅台酒带来了更多曝光度和更高讨论度，也带来了一定的风险，茅台的品牌声誉和形象可能在瞬息之间受到影响。同时，年轻一代的消费者如今已成为市场的主导力量，他们拥有独特的价值观、需求和购买习惯。

而新兴品牌又不断涌现，它们更加注重创新、时尚，也更符合当今消费者需求，这对老品牌的竞争和生存构成潜在威胁。这些都迫使茅台必须适应新的市场环境。

再次瞄准电商赛道，"i 茅台" 正式登场

茅台除了要面对品牌老化隐忧，更要寻找新的突破口，在这场行业的全面性"寒潮"中找到突围之路。

白酒行业横跨一、二、三产业，过去经历了高速增长。作为行业龙头的贵州茅台，营业总收入也于 2021 年顺利突破千亿元，达到 1 094.64 亿元。

然而自 2021 年下半年以来，受外部大环境影响，白酒行业面临着不断出现的困难与新挑战，压货、滞销、价格倒挂等与市场销售承压相关的词汇，频繁出现在白酒行业的讨论中。

对于一个试图打造百年名企的酒企而言，在市场需求上保持时间的延续性，才能在企业经营上保持长久的生命力。酒企需要找到切入点，将自身融入新时代去实现年轻化，进而达成品牌的时代化。

这个切入点，就是电商渠道。

年轻化消费趋势之一，便是直播、短视频等 App 带货和社交带货等新兴零售渠道的兴起。这为白酒行业发展提供了新的增长机会，酒产品的客群触达方式更为多元。

实际上，早在 2014 年 6 月，茅台便成立了电商公司。作为茅台集团唯一的官方线上运营商，茅台电商公司是白酒业内少数拥有自主知识产权和自建专业技术团队的企业，主营业务是通过官方线上销售茅台集团旗下酒类产品。

茅台电商曾一度被寄予厚望，然而事与愿违。"黄牛党"的狙击、内部管理等问题频发，贵州茅台在 2019 年 12 月 18 日的公告中表示，公司参股的茅台电商公司解散并进行清算注销。

然而在电商平台的折戟，并未阻挡茅台对该市场的热情。丁雄军履新茅台集团董事长后，带来了新的变化。

在 2023 年 2 月 14 日茅台集团 2022 年市场工作会上，丁雄军表示，抓好今后的

市场营销工作，核心任务是主动求变，全面、准确、深入践行"五合营销法"，大力推进营销改革攻坚，实现茅台营销体系的变革和重塑，推动市场工作能力和水平实现质的跨越。

"五合营销法"即资源整合，实施主动营销法；数字融合，实施数字营销法；文化相合，实施文化营销法；品牌聚合，实施品牌营销法；管服结合，实施服务营销法。

2022 年，曾一度"折戟"电商的贵州茅台重启电商渠道。数字营销平台"i 茅台"一经推出，备受外界关注，热度一直很高：5 月 19 日正式上线前，其注册用户数便超过 1 300 万人，每天数百万人次进行申购，用户累计申购超过 3.4 亿人次⋯⋯

"i 茅台"被茅台寄予厚望。丁雄军此前表示，希望"i 茅台"承载茅台文化的传播者、数字化营销的践行者、销售渠道的协同者等功能。

而继"i 茅台"之后，"巽风数字世界"App 的推出，则被赋予"数实融合"的企业数字化转型使命。丁雄军在 2022 年年底的茅台集团 2023 年度市场工作会中提出："巽风将把千亿茅台在数字世界再做一遍。"

依托这些数字化营销平台，推出新的非标产品，则为茅台带来了新的销售增量。

比如，二十四节气文化茅台酒、生肖酒、珍品茅台酒、100 毫升茅台酒、43 度茅台酒等产品在"i 茅台"持续放量，通过对产品体系和渠道体系的梳理，实现了非标茅台酒销售的巨大突破。

一年多时间，"i 茅台"　销售额达 400 亿元

"i 茅台"在 2023 年的火爆，成了一个现象级的数字营销案例。

"我晚上定个闹钟。"2023 年 3 月 31 日，"i 茅台"试运行的前一晚，一名"90后"的消费者就在手机上设置好申购茅台酒的提醒，因为"买到就是赚到"！

贵州茅台官方微博发布数据显示，"i 茅台"平台上线试运行首日便吸引逾 229 万人、622 万人次预约申购。此次申购人群覆盖了"60 后"至"00 后"，横跨几代人。不少"60 后"也参与到此次申购中。平时不喝白酒的李女士就在子女的指导下，每天参与并发动身边亲友一起申购。

消费者为何如此狂热？首先，要知道茅台的品牌影响力虽大，可除了官网和直营专卖店，茅台并没有其他的自营渠道。其次，茅台酒市场成交价与市场指导价长期存

在巨大价差。一些消费者抱着"贵的一定是好的"的心理，只知道茅台酒好，但不知道好在哪里。同时传统渠道仍存在不少"囤货""惜售""捆绑搭售千元价位酒"等现象。长期看来，购买渠道上的限制，对茅台的品牌形象也造成了一定损耗。

所以从消费者的反馈来看，这一次，茅台在电商渠道上的尝试成功了，同时还有望弥补这些短板，"i茅台"能让品牌影响力更加聚集。茅台也正在利用"i茅台"做营销、讲品牌故事。另外，此次上线的珍品、虎茅、茅台1935均为茅台推出的新品。不少业内人士认为，未来"i茅台"很有可能成为茅台推新的重要平台。

白酒业营销专家李海龙表示："茅台的主动营销、聚焦圈层、深耕自营都是为了企业和市场更加贴近，直接的效果就是茅台自己的利润会增加，电商平台的上线肯定对茅台业绩有正面的影响。"

对于上述观点，贵州茅台中小股东代表、微博用户"茅台900元真不算高"表示赞同："i茅台"上线主要是为了营销体制改革，即搭建一个厂家与消费者之间的直接桥梁，从而减少中间环节的层层加价，实现真货与实价的亲民传递，适当缓解市场的高溢价问题，也实现了自营业务模式提升业绩的目的。

"i茅台"带来的增量，助力贵州茅台当年营业总收入实现三年来最高涨幅的同时，也让茅台覆盖到更多的消费者。2022年上线至2023年3月底，"i茅台"实现酒类不含税销售收入共计167.86亿元。

2023年11月，"i茅台"发布2023年度数据报告。数据显示，该平台2023年以来已上架13款新品，共投放2 578万瓶酒类产品，成交用户超1 507万人次。"i茅台"注册用户5 000万，月活稳定在1 200万，日活在500万左右。

此前茅台集团党委书记、董事长丁雄军透露，在"i茅台"上线的一年多时间内，平台交易额累计达到400亿元。

"i茅台"面对外部市场的复杂环境，在存量竞争态势下，在千亿高基数的背景下，仅用一年多的时间达到400亿元的交易额，这一成绩得益于茅台的年轻化战略，巧妙地放大了品牌效应，通过数字化赋能品牌，实现了自身的华美蝶变。

茅台的年轻化战略，到此已经结束了？不，"i茅台"仅仅是茅台同消费者共享"美生活"的一个开始。

茅氏跨界"三兄妹"——年轻人的第一口茅台

2022 年 5 月,茅台与蒙牛联名推出茅台冰淇淋;2023 年 7 月,茅台联名中街集团推出茅台冰淇淋新品;2023 年 9 月,火爆全网的"酱香拿铁"上市;同月,茅台联名德芙推出"酒心巧克力"。

"从'出圈'的茅台冰淇淋,到'刷圈'的酱香拿铁,再到'官宣'的酒心巧克力,都是茅台'穿新鞋、走新路、行美径'的勇敢尝试。"茅台集团董事长丁雄军说。

比哈根达斯还贵的冰淇淋

在迈出数字化转型的第一步后,茅台盯上了"跨界"。茅台冰淇淋应运而生。

"我们一直在想怎么样让年轻人接受茅台酒香味的产品,茅台冰淇淋就是这个答案。"丁雄军表示。茅台冰淇淋不是简单的消费商品,而是一个战略级产品,是培育年轻消费者爱上茅台酱香口感,推动茅台品牌年轻化、时尚化的重要抓手。抓住年轻人,就是抓住茅台的未来。

2022 年 5 月 29 日,茅台冰淇淋在"i 茅台"上线,全球首家茅台冰淇淋旗舰店也在茅台国际大酒店开业。三款预包装口味分别为经典原味 75g、青梅煮酒味 78g、香草口味 75g,均为茅台与蒙牛联名推出的全乳脂冰淇淋,茅台酒含量比例分别为 2%、1.6%、2%,售价 59~66 元。

为什么选择蒙牛?因为蒙牛是"冰淇淋大佬",其重要客群是年轻人。与蒙牛一起来做品牌延伸,可以迅速向年轻人推出茅台的"美味冰淇淋",从而转化一批年轻人成为"茅粉"。他们的第一口茅台,可能是从"茅台冰淇淋"开始。

值得一提的是,茅台冰淇淋 60 元左右的定价被网友评论"比哈根达斯还贵"。京东哈根达斯旗舰店显示,100ml 哈根达斯冰淇淋售价为 43 元。尽管价格被吐槽,消费者普遍的反应是可以接受,产品频频登上热搜的同时,受到了年轻群体的欢迎。

有多受欢迎?茅台冰淇淋上线当天,贵阳旗舰店 7 小时销售额破 20 万元,销售单数破 900 单，共计销售 5 000 余个。同日，三款预包装茅台冰淇淋上线仅 51 分钟全部售罄，销售数量逾 4 万个，销售金额逾 250 万元。

随着销售的火爆，茅台冰淇淋也在不断丰富产品形态。从传统碗装，到经典瓶装；从原味到青梅煮酒味、香草味，从酸奶冰淇淋到抹茶冰淇淋、蓝莓果汁雪泥，不一而足。另外，茅台还与专注做高端中式雪糕的中街 1946，联名推出了 50g 规格的棒支冰淇淋产品——"小巧支"，包括牛乳口味、巧克力口味、酸梅口味、蜜桃口味、青柚口味 5 款。

在茅台冰淇淋上市一周年之时，茅台冰淇淋累计销量近 1 000 万杯，据粗略推算，实现了近 6 亿元的收入。

虽然 6 亿元的收入对千亿体量的茅台来说并不算什么，但是其作为首次跨界尝试的成果，对其品牌、业绩均有着正面影响。一位公募基金人士表示，茅台冰淇淋起到了品牌宣传的作用，特别是对不太喜欢喝白酒的年轻人来说，通过茅台冰淇淋能够让茅台的品牌价值深入人心。

长城证券大消费组长、食品科学博士刘鹏对此表示认同，他指出："茅台冰淇淋对业绩帮助不是很大，但这是茅台走向年轻消费者很重要的一个手段，对未来消费人群进行有效链接，让更多的消费群体进入未来可以预期的范围内，让茅台的增长具备更大的连续性。"

对于茅台来说，茅台冰淇淋不仅是一款产品，还是茅台品牌战略的重要组成部分。

在 2023 年 7 月的炎炎夏日，茅台甚至召开冰淇淋"百日大会战"启动大会。会议要求充分认识"大集团一盘棋"生态战略部署，积极响应"一呼百应"工作机制，持续做精做细茅台冰淇淋市场，理解做好茅台冰淇淋市场工作对于培育年轻消费群体的战略意义，紧紧围绕茅台冰淇淋市场工作，积极主动担当作为，制定切实可行的市场方案，全力以赴开拓市场。

据统计，自茅台冰淇淋上市之后的 14 个月内，丁雄军先后至少七次出席茅台冰淇淋的活动，并且在茅台集团年度市场工作会、茅台年度股东大会等重要场合，以及所出席的相关品牌活动，提到茅台冰淇淋，不遗余力地进行宣传。

丁雄军表示，茅台还会继续深耕市场，创造性拓展销售场景、销售平台。按照"100 个城市 M 个体验店和 N 个茅台冰淇淋驿站"的规划逐步下沉渠道，按地级开设体验店、县级开设"茅台冰淇淋驿站"的计划，延伸市场触角，并会同步做好茅台文化融入、产品宣传推广等。

"酱香拿铁" 催生 "+茅台" 概念

2023 年 9 月 4 日上午，茅台与瑞幸（LUNCY）联名的新品"酱香拿铁"开卖，在瑞幸的微信小程序上，这款咖啡被放在第一位。

相关信息显示，"酱香拿铁"使用白酒风味厚奶，含 53 度贵州茅台酒，酒精度低于 0.5 度。价格方面，"酱香拿铁"零售价 38 元/杯，使用相关优惠券后的到手价预计 19 元/杯。

在很多瑞幸的柜台前，原本不是点单高峰时段，也站了不少等单的顾客和顺丰同城急送的小哥。当天，茅台跨界咖啡占据了朋友圈，相关话题频频上热搜。

"酱香拿铁"也刷新了瑞幸单品纪录，首日销量突破 542 万杯，销售额突破 1 亿元。在产品上线 4 天后，瑞幸发布了《酱香拿铁断货及补货通知》，并表示"酱香拿铁"是瑞幸咖啡和贵州茅台共同推出的战略级长线单品，将长期售卖以满足消费需求。

茅台的品牌联名，为什么选择咖啡？为什么又选择瑞幸？火爆的"酱香拿铁"和茅台冰淇淋，背后又有什么相同的品牌逻辑？

最根本的逻辑当然还是年轻化战略。美酒+咖啡，是为了引发年轻消费群体的情绪共鸣。年轻人是咖啡的主要消费群体，"咖啡+酒"的品类创新，为消费者带来了新的口感体验。

茅台是白酒行业，更具体地讲，是酱香型白酒行业，作为高端酒品牌，其主流消费群体是中老年；瑞幸是咖啡行业，具体来说，是针对年轻用户的咖啡行业。大而言之，双方都属于饮品，一边是白酒龙头，一边是咖啡界巨头。在品牌营销方面，两者有很强的品牌优势和较强的用户基础。

因为茅台是 A 股龙头，瑞幸则是美股焦点，本就是头部机构的强联合、强互动。同时，"酱香+拿铁"还是国货品牌联名。瑞幸对咖啡这一"洋概念"进行了本土化口味创新，赢得了中国年轻消费者的青睐。而贵州茅台酒是中国白酒"名片"。在当下"国潮崛起"的消费趋势下，这种联名很容易赢得消费者好感和市场认可。

另外，茅台与瑞幸作为不同赛道、不同品类的品牌，没有直接的竞争冲突和品牌联想，不会产生品牌上的损耗。相反，还能打造差异化竞争优势，产生意想不到的联动效应。

"酱香拿铁"的推出，相当于市场上有了一款新的咖啡，或者新的白酒。"酱香拿铁"作为新的消费品品牌，抓住了用户眼球和用户心理，满足了用户对新口味的需求。同时，借助新媒体，在铺天盖地的短视频和图文中，形成了病毒式传播，占领了用户心智。

事实上，在"酱香拿铁"推出后，其他很多饮品公司竞相模仿，对其有很大启发。这样的联合营销，是行业跨界，也是行业内创新。

从结果来看，"酱香拿铁"也的确在口味上获得了成功，俘获了年轻人。

在此次联名瑞幸跨界咖啡后，丁雄军更是提出"+茅台"概念。在与瑞幸的战略合作启动仪式上，他表示，此次联名发布的"酱香拿铁"，正是围绕"+茅台"，拓展"美生活"产业幅，构建多元化美生态的积极尝试。

可以看到，"+茅台"是利用茅台强大的品牌溢价与背书作用，增强品牌价值，赋能相关行业与产品，提升相关品牌的影响力与产品竞争力。

在"+茅台"的理念之下，茅台通过实践，不断尝试拓展品牌边界。跨界合作的蒙牛、中街集团、瑞幸均是各领域头部品牌，通过这些品牌在乳品、冷链食品、咖啡饮品等行业的影响力，依靠 66 元/盒的茅台冰淇淋、29 元/支的"小巧支"和 38 元/杯的"酱香拿铁"，覆盖不同价格带的产品，最终实现更多行业、年龄的消费者触达。

"酒心巧克力" 完成产品矩阵

十余天后，就在大家还在回味"酱香拿铁"之时，茅台跨出了"拥抱年轻人"的第三步：与德芙携手合作推出"茅小凌酒心巧克力"新品。

从 2022 年 5 月 29 日茅台正式推出非酒类跨界产品"茅台冰淇淋"，到 2023 年 9 月 4 日推出"酱香拿铁"，再到 2023 年 9 月 16 日茅台推出"酒心巧克力"，一共经历 476 天。

短短 476 天，"茅式三兄妹"相继面市。贵州茅台将触角伸向了更多领域，也让更多消费者喝到了人生中第一口茅台。

不出意外，"茅小凌酒心巧克力"在各大社交平台上被刷屏，迅速拿下热搜第一，而库存也"秒空"。

和之前的茅台冰淇淋、酱香拿铁一样，茅台也特别提醒消费者，产品含有一定酒精浓度，未成年人、孕妇、酒精过敏者等请勿食用，食用后请勿立即驾车，驾车时请勿食用。

同样的问题：为什么是巧克力？为什么是德芙？

从前面的联名史来看，茅台对合作对象至少有两个要求：一是市占率要高，能够触达海量年轻消费者；二是不用太高端，但一定要是国民品牌。比如，冰淇淋的联名对象是蒙牛，而不是哈根达斯；咖啡选择与瑞幸牵手，而不是星巴克。

但与前两次联名不同，这次茅台选择了一个国际品牌，不难发现其中有推动品牌国际化的想法。

这次的联名对象德芙在中国巧克力市场份额占比最大，接近40%，德芙、M&M、士力架正是旗下的三员大将。价位更高的费列罗，市场份额只有17.8%，与前者差距较大。

德芙巧克力的广告语"纵享丝滑"耳熟能详，深入人心 。当"酱香"遇上"丝滑"，"甜蜜"遇上"微醺"，也是别有一番风味。

茅台和德芙的合作，也是各取所需的奢侈品与消费品联名模式——消费品向上获得较高的品牌溢价，而奢侈品则收获年轻人的关注度。茅台跨界的目的，本来就是打破企业边界，拓展产品消费人群，让品牌形象更加活化。

"心醉的地方，一生的守望"，这是"茅小凌酒心巧克力"的广告语。为什么是心醉的地方？丁雄军介绍说："这颗巧克力是酒心的，既让人们的心田为之陶醉，也为神秘茅台和多彩贵州这片文化旅游的'醉美圣地'而心醉。"

按丁雄军的说法则是茅台在践行酒旅融合发展，是推动卖产品向卖生活方式转变的生动实践。"茅台与玛氏①的合作是双'M'的美美组合，是'中华老字号+国际知名品牌'的品牌联合，就是希望创出双倍'美好'的产品，给广大消费者带来加倍的消费体验和品饮感受。"

这意味着，酒心巧克力不仅带"酒"，更是"美酒"的衍生产品、周边产品、附值产品，也是茅台挖掘美酒价值、创新表现形式、丰富产品供给、增强茅台核心竞争

---

① 玛氏指美国跨国食品公司玛氏（Mars）公司，它是世界最大宠物食品和休闲食品制造商。旗下品牌德芙在中国推出了一系列产品。

力的积极尝试。

"酒一直都会是贵州茅台的核心业务。酒心巧克力是融合美酒文化和巧克力文化的文旅产品。"丁雄军说，"茅台国际大酒店作为茅台集团酒文旅康养产业的重要组成，进行"美酒+美食"的碰撞交融和味觉体验……完成了'喝、吃、品、饮、带'的产品矩阵生态布局，即喝茅台酒、吃茅台宴、品茅台冰淇淋、饮酱香拿铁、带酒心巧克力。"

这是一个完整的产品矩阵闭环，也形成了协同的品牌效应。"从'出圈'的茅台冰淇淋，到'刷圈'的酱香拿铁，再到'官宣'的酒心巧克力，就是茅台'穿新鞋、走新路、行美径'的勇敢尝试，努力让茅台的美酒、美食、美生活，成为更多人心中'一生的守望'。"丁雄军这样总结。

向未来——茅台战略中的品牌活力

"+茅台"、数字化、"美生活"……茅台近年来的关键词都绕不过一个人——丁雄军。作为茅台达到千亿级销售额后的首任董事长，丁雄军带领着公司不断开拓新的市场，依旧保持了稳定的业绩增长。

从 2021 年第一次临时股东大会首次提出"五线"发展道路，到 2022 年股东大会提出"美时代"理念和五线发展的"五个更、五个美"，再到 2023 年的"五大生态体系"，茅台高质量发展从线性向生态化和体系化丰富、升华。而品牌的年轻化，则是其中的应有之义。

从"五线" 发展到五大生态

2021 年三季度末，丁雄军来到贵州茅台。任职一个月后，他选择在茅台股东大会，首次亮出他与新班子的新年计划。会上，这位有着化学博士学历背景的茅台董事长深深鞠躬后，以不同于往届董事长的风格，开启了他 40 多分钟的演讲，并展示着他精心准备的 PPT：感恩"四老"、"五线"发展……

所谓"四老"，就是——老天爷、老祖宗、老领导和老百姓。感恩老天爷，是老天爷造就了茅台得天独厚的地理环境，离开茅台镇就生产不出茅台酒；感恩老祖宗，是老祖宗不断探索、总结传下来的传统酿造工艺，成就了茅台酱香鼻祖的地位；感恩老领导，既有老一辈无产阶级革命家的关心厚爱，也有历届省领导和厂领导倾注的大量心血；感恩老百姓，茅台酒终归是商品，能够取得今天的成绩，离不开广大消费者和投资者的支持和热爱。

丁雄军又用蓝、绿、白、紫、红五条线，勾勒出茅台高质量发展的具体战略谋划，提出"五线发展道路"。

蓝线，就是目标愿景和蓝图规划。核心是聚焦"双巩固、双打造"战略目标，即"巩固中国白酒头部领军企业地位和世界蒸馏酒第一品牌地位，打造成为中国500强第一方阵企业和省内首家世界500强企业"。

绿线，就是坚定不移走生态优先、绿色发展道路，以打造生态文明示范实践基地、白酒行业生态环保标杆企业"一基地一标杆"为抓手，保护好茅台赖以生存和发展的生态环境。

白线，就是保持归零心态，抓好创新和改革，在新的白纸上做出新文章。具体而言，就是在创新方面坚持科技增能、数字赋能；在改革方面推进现代化管理改革、资产管理改革、营销体制和价格体系改革。

紫线，是一个规划建设术语，指的是历史文化街区、历史建筑保护范围界线，这里指代茅台文化，即在高质量发展过程中，充分体现茅台文化影响力、凝聚力和感召力的"软核"作用，最大程度地发挥文化聚能的"硬核"作用。

红线，指环保和安全两条底线，对茅台而言，两者都是不可触及的底线和红线。

由此，愿景规划"蓝线"、生态发展"绿线"、创新改革"白线"、文化赋能"紫线"和环保安全两条"红线"，引领茅台的发展之路。

2022年6月16日，在贵州茅台2021年股东大会上，丁雄军以"美时代·美生活"为主题，延伸了"五线"发展战略，用"五个更、五个美"做了进一步阐释和解读，即"蓝线"要更加美好，"绿线"要更具美态，"白线"要更兴美业，"紫线"要更富美韵，"红线"要更讲美行。

2023年6月13日，贵州茅台迎来了新冠疫情放开后的首个股东大会。丁雄军在会上表示，接下来在长期的可持续发展过程中，茅台要继续坚持以茅台美学为价值内涵的"五线"发展之路，并将这五条线升级为五个生态体系。

丁雄军表示，通过近两年的实践和完善，随着茅台的"美学观""生态观"持续融入企业发展，"五线"中的每一条线，也变得更加生态化和体系化，对应形成了茅台可持续发展的"五大生态体系"。

其中，"蓝线"聚焦"增长"，打造美的产业生态、产品生态和渠道生态；"绿线"聚焦"绿色"，打造美的质量生态和自然生态；"白线"聚焦"动力"，形成推动茅台可持续发展的动力体系；"紫线"聚焦"文化"，打造美的文化生态和共同体生态；"红线"聚焦"安全"，打造美的生态安全。

当前的茅台，正在以一种更加开放、包容的姿态迎接新的增长时代。而企业的高质量发展，需要品牌的年轻化来提供源源不断的活力。

茅台求解品牌年轻化

从品牌的角度，茅台的高质量发展，首要需要的是客群的占有率和他们的忠诚度。

茅台虽无近忧，却有远虑。因为年轻人正在抛弃白酒，几乎是不争的事实。有报告显示，中国30岁以下消费者的酒类消费中，52%是啤酒，白酒只占8%。

传统白酒的主要饮用场景是宴请、送礼和收藏，核心消费者也相对不再年轻。相关数据显示，白酒主力消费年龄在28~40岁。对于年轻人来说，茅台这样的超高端白酒，喝不来、不想喝、买不起。

所以，品牌的年轻化，是茅台的必然选择。

茅台过去一年多的转型与跨界，成功实现了从0到1的突破，但大部分消费者或仍停留在尝鲜的阶段，如何持续"保鲜"，让更多年轻人持续认同，也许还有很长的路要走。

正如李光斗所说："茅台年轻化做了很多，冰淇淋火了，咖啡来了，又有酒心巧克力，它是一个系列化的长期战略。比如，酱香拿铁咖啡卖一个亿，它赚不了多少钱，但是做到了出圈，让年轻人有了口味依赖，它是长久的。"他还认为，这些年轻人未来或会成为茅台酒的消费者。

对于茅台的跨界，北京大学一位资深管理学教授也在与记者交流时表示，"好奇心"与"创意"不应该被反对，但是真正可持久的创新是原创，是从"0"到"1"的过程。

事实证明，贵州茅台的年轻化战略，以开放包容和时尚前卫的姿态，打破了传统白酒的固有框架和边界，展现了百年老字号的创新活力和魅力。贵州茅台以数字化、智能化、信息化为手段，推动了生产管理、销售渠道、品牌营销等方面的变革，展现了白酒品牌的转型升级和高质量发展。

同时，作为行业龙头，茅台迈出的这一步，也为行业年轻化博得了更多的市场关注。

茅台的跨界，不仅为自身带来了市场增长和品牌升级，也为行业和社会带来了积极的影响和价值。贵州茅台以年轻化的姿态，引领了白酒行业的创新和变革。很多白酒品牌甚至其他行业品牌纷纷效仿，推出了更符合年轻人口味和需求的产品，拓展更多的消费场景和渠道。

归根结底，贵州茅台的年轻化战略是对白酒行业新趋势和消费者群体变化的及时应对和主动拥抱，是对传统制造业数字化转型和创新发展的有力探索和示范，是对中国传统文化和现代潮流文化的尊重和融合，是对国粹品牌传承和发展的有益尝试。

值得注意的是，再高的热度也终会消退，那么茅台将如何持续增强品牌黏性，从而再度拓展茅台的品牌边界？或者说，如何让年轻人持续爱上"酱香"？如何面对需求进入"冷静期"的挑战？这些都是老品牌茅台需要进一步求解的答案。

🍶 品牌手记

茅台年轻化，活力向未来

酒在文学作品中常常被赋予神奇的意象，同时也反映了社会不同层面的人们对生活的不同态度。

它可以很便宜，在杜甫笔下，是"速宜相沽一斗酒，恰有三百青铜钱"的大众消费品；它也可以很贵，成为李白笔下"金樽清酒斗十千，玉盘珍羞直万钱"的奢侈品；它还可以很美，像王维在《少年行》中所说的"新丰美酒斗十千"。

一粒粮食，经过时间的淬炼，能够在不同场景下被赋予不一样的价值。酒也成了人们交流、庆祝和共享的一种方式和文化，在文学中成为表达情感、抒发情绪或者反映人生境遇的重要元素。

茅台无疑是中国白酒品牌中这样的酒文化的集大成者。它以其独特的酿造工艺和品质，成为中国人心里重要的文化符号与情感纽带。很多人对于中国高端白酒的印象停留在"茅五剑"，这么多年过去，行业头部变为"茅五洋泸汾"，茅台仍然领衔。

在每日经济新闻与清华大学经济管理学院中国企业研究中心联合发布的"2024 中国上市公司品牌价值榜"上，贵州茅台的品牌价值高达 5 782.33 亿元，每一年都位居白酒行业榜首。

从品牌孵化到品牌腾飞难，而长期做到品牌价值的持续跃升，更是难上加难，需要一代又一代人的努力，并不断适应新的需求与变化。品牌的年轻化，是茅台的必然选择。

从本质上，茅台年轻化，就是要影响着更多的消费者客群。茅台完成了"喝、吃、品、饮、带"的产品矩阵生态布局，将触角伸向了更多领域，也让更多消费者喝到了人生中第一口茅台。

笔者家中的亲戚们，从来都不喝白酒，但经常会登录"i茅台"申购，并通过答题获取"小茅运"。通过每日申购，这些从来没到过酒厂、没喝过白酒的人，也开始懂了酿酒工艺、茅台文化。

"美"是人类共同的向往和期待，也是属于茅台酒的魅力，是茅台厚重的文化内涵。这是茅台年轻化的基础，是茅台向未来的活力。

作者简介

熊嘉楠，每日经济新闻记者。重点关注酒业垂直领域报道。

高维进化：

京东"低价武器"的

品牌真相

黄博文

品牌档案

京东集团-SW（HK 09618）

品牌价值 5 805.79 亿元

2024 中国上市公司品牌价值榜 TOP4

2024 全球上市公司品牌价值榜 TOP34

2024 中国上市公司品牌价值活力榜 TOP85

2024 北京上市公司品牌价值榜 TOP2

2024 中国零售行业上市公司品牌价值榜 TOP2

（数据来源：每日经济新闻和清华大学经济管理学院中国企业研究中心联合发布 2024 中国上市公司品牌价值榜）

2023 年，京东（JD）迎来了它的 20 岁生日。过去 20 年，京东从中关村的一方三尺柜台，成长为如今收入突破万亿元的新型实体企业，并在电商市场持续深耕。其战略的远见和执行层面的定力，也都经受住了时间的考验，高品质电商体验已成为其鲜明的品牌标签。

面对消费趋势转变，面对营收增速放缓，面对市值一年蒸发 700 亿美元，当下的京东选择重新出发，重拾低价这一"唯一基础性武器"。

在这个充满挑战与机遇的时代，京东将如何执行低价策略？如何兼顾"低价"与"品质"的双重需求？又将如何应对竞争对手的挑战？

唯有进化才能破局。高维进化，也由此成为京东更新的品牌追求。

引子

2023 年 11 月 12 日，京东发布了"双 11"战报总数据——成交额、订单量、用户数齐创新高。其中，京东采销直播的总观看人数突破了 3.8 亿人次。此外，累计超过 60 个品牌销售额突破 10 亿元，近 20 000 个品牌成交额同比增长超过 3 倍，新商家成交单量环比增长超过 5 倍。

此时，距京东加码低价举措刚过了一年。

2022 年"双 11"前，在回复员工的周报中，刘强东称京东的零售业务经营文化在逐渐丧失，随着 3C 家电业务的成功，很多兄弟开始夜郎自大、沾沾自喜，丝毫不再关注我们的低价优势，这样下去早晚会出问题！

在刘强东看来，如果把零售业务的客户体验分成三要素——价格、品质和服务，低价是前面的"1"，品质和服务是后面的两个"0"，失去了低价优势，其他一切所谓的竞争优势都会归零。

于是，夯实低价心智成为京东零售未来三年的头等大事。

然而，低价是一个系统工程，重塑"低价"心智并不容易。

也因此，2023 年的京东真的很忙：从年初发布"春晓计划"，到 3 月上线"百亿补贴"；从推进"近年来最大的组织架构调整"，到持续优化供应链效率；从"历史上投入最大一届"的"618"，到喊出"真便宜"的"双 11"。

战略规划、团队组织、平台生态、供应链……当下的京东正在各个维度进化，并迎来综合实力的进化。

回归本质：重拾低价武器

一个品牌的进化与发展，终究还是要遵循商业逻辑。在刘强东看来，零售的本质即"成本、效率、体验"，其中体验可以进一步细化为产品、价格、服务。但无论是专注品质，还是强调低价，其核心都离不开提升消费者体验。

这也许可以解释，为何一贯追求品质的京东会选择"放下身段"转向低价——

选择低价只是一种手段，赢得消费者才是发展不变的核心。

未来三年的头等大事

2022 年 9 月，2022 中国民营企业 500 强榜单揭晓，京东以近万亿元的营业收入力压群雄，首次登上榜首宝座，同时也再次甩开了它的老对手阿里巴巴。这一成绩犹如一颗明珠，在京东的发展历史上闪耀。

然而，外界并不知道，登顶的背后，却是京东的不安与忧虑。

两个月后的经营管理培训会议拉开了京东重拾低价武器的帷幕。会上，刘强东批评高管们偏离了公司经营战略的核心——成本、效率、体验，还指出京东正在丧失低价心智优势。在他看来，京东应服务多层次的消费者，满足不同消费层级的需求，但不同消费者对于性价比的追求这一点是相同的。

于是，做好低价成为京东零售未来三年的头等大事。

事实上，刘强东的忧虑也并非没有根据。京东 2022 年三季度业绩报告显示，京东零售当季营收增速仅为 7%，远低于前两年同期数据——2021 年这一数字是 23%，而 2020 年则是 25.2%。

不过，数据仅仅是表象，真正的问题还是在于消费需求的风向变了——"反向消费"兴起，"抠门经济"爆火。在这样的背景下，京东虽然"品质高""服务好"，但因为被贴上"价格贵"的标签，也让不少用户敬而远之，难免营收增速放缓。

此外，当 C 端的变化传导至 B 端时，低价也成为众多电商平台的共识，这一点在 2023 年尤为明显——不论是"618"，还是"双 11"，除了传统的跨店满减、品类红包、购物金等玩法，各电商平台更加强调直接补贴和直降等更"原始"的营销策略，目的就是要更直接、更有效地抢占"低价心智"。

面对消费需求和行业趋势的变化，京东毫不犹豫地重拾了低价武器。

"过去成功最重要的武器"

之所以敢于转向低价，是因为在京东的话语体系里，低价是"过去成功最重要的武器"，以后也是"唯一基础性武器"。

价格作为零售业最直接、最容易触及消费者的因素之一，对消费者购买行为起着至关重要的作用。京东深谙此理，自诞生第一天起，它就以"价格杀手"的形象出现，与当当、苏宁、国美等老对手的几场硬仗，归根结底拼的还是价格。

把时间拉回到 2010 年。

彼时的当当已登陆美国资本市场，占据国内网上图书零售市场超过 50% 的份额，在图书零售行业有着绝对话语权；另一边，京东则希望借助图书门类，从电商赛道中突围。于是，双方之间产生矛盾也就在所难免——京东的图书业务一度遭到当当"封杀"。

2010 年 12 月，京东拿出 8 000 万元，与当当打响了价格战，双方把图书价格降至极低，甚至免费。2011 年 3 月，京东再次主动出击，刘强东放出"狠话"，"要打就要来狠的""5 年内不允许京东图书部门盈利"。

几番激战过后，当当元气大伤——2010 年第三季度以来，毛利率从 25% 一路下滑至 2011 年第四季度的 10%；而另一边的京东则在价格战后士气大振，甚至还愈战愈勇。

2012 年，刘强东又把目光转向与国内家电巨头的竞争，承诺京东所有大家电都会比国美、苏宁等连锁门店便宜 10% 以上。"如果苏宁敢卖 1 块钱，那京东的价格一定是 0 元！"

当年 8 月 15 日，著名的"电商三国杀"上演。京东商城宣布大家电 3 年 0 毛利，并派员进驻连锁店，苏宁、国美随后跟进降价。随着当当、易讯等企业的"乱入"，这场混战愈演愈烈，直到 8 月底才逐渐平息。经此一役，京东又收获了不少流量与关注——不仅大幅提升了品牌知名度，更是在大众心中留下了"京东低价"的品牌印象。

"打赢当当，关键因素是价格；打赢苏宁，关键因素还是价格。"刘强东强调。

B2C 的本质就是做零售，B2C 公司是一个渠道商，保持低价是留住消费者的"杀手锏"——这是刘强东十多年前所秉持的观点，在京东如今的低价策略中仍然发挥着重要作用。

这也充分说明，一个品牌的发展与进化，无论其形式如何千变万化，本质都离不开商业逻辑的指引。同时，也正是由于京东始终坚守并顺应商业逻辑，才使得其低价举措具备了真正的意义和价值，让京东这辆商业战车能够在激烈的市场竞争中始终保持正确的方向。

京东的低价有何不同？

品牌定位理论中的"第一法则"明确指出，企业为了在激烈的竞争中脱颖而出，必须在顾客心中确立自身在某一领域的领先地位，从而引领企业经营取得更好的发展。

对于京东而言，这一法则同样适用。

目前，京东已经成功地在用户心中塑造了"以品质及服务见长"的品牌形象。然而，要实施低价策略，一个必须面对的现实则是："低价"和"品质"往往难以兼得——京东选择低价，很可能会引发用户对其品质的质疑，从而影响其当前的品牌定位。

具体来说，重拾低价的京东将面临三个矛盾，即商品质量与低价的矛盾、中高收入群体与全域消费者的定位矛盾、品质派与价格派的矛盾。

一个可能的破解之道就是，京东做的低价必须有所区别、有所升级。因为背负着品质的口碑，京东所追求的低价也绝不能是简单的"全网最低价"。事实上，京东要做的低价，本质上还是追求更高级的性价比——东西好且不贵。

未来京东的策略是分层的：对于追求品质的消费者，做强分子，继续提升品质和服务，强化京东的固有优势，主要靠京东自营扛起大旗；对于价格敏感型消费者，则靠第三方的 POP 商家去拉低价格，做小分母。

总之，两条路径都能通向超出用户预期的体验——这也是品牌立足的根本。但不论是哪条路径，京东的低价都被框定在这个公式中：要在保证产品和服务的基础上追求更低的价格。

按照京东的说法，京东所追求的低价是基于价格、服务、产品之上的，是一种实用、可靠、值得信赖的低价，而不是不可用的低价。这种策略不仅符合零售行业的商业本质，也符合京东长期以来坚持的"正道成功"的理念。

"从品牌培育的角度看，价格并不是关键的因素，诚信与品质的保证才是重点。京东一直坚持的高品质高服务的理念，为其赢得了较高美誉度的品牌形象。"知名品牌专家、华南理工大学工商管理学院市场营销系主任陈明表示，"如今采取低价策略，自然是出于竞争和市场开拓的考虑，只要品质和服务不减，品牌是不会受到太大的影响的，甚至反而会因为令人惊喜的性价比，而增加消费者对品牌的美誉度，并且激发更多的购买欲望。"

重拾低价武器为品牌的发展指明了方向，而如何具体实施则考验着品牌的韧性和智慧。既然认准了低价，京东势必会迎来一场自我变革，而且是不得不变。

组织进化：自我变革，不得不变

外部环境和行业正在变化，全球互联网企业发展和经营逻辑在变化，后疫情时代消费者的生活方式和消费理念也在改变。所以，京东的自我变革也是必然的，而且不得不变。

一切变革，终点指向业务，但起点必然是组织——当京东决定向"低价"调转航向时，也就预示着内外利益分配机制的重构即将开始，京东的组织体系也必须启动一场系统性的适配性改革。

因为低价是一个系统工程，京东唯有进化出更强的组织才能将其推进。

"一增一减" 的薪酬调整

对于京东这样一个拥有超过 56 万名员工的企业而言，改革就像是一场手术，需要切除一些不良的组织，调整一些不合理的结构，增加一些新的功能。而这样宏大的手术，也只有创始人刘强东才能动得了刀。

手术刀划得又快又狠。在京东经营管理培训会议结束两天后，也就是 2022 年 11 月 22 日，刘强东又发布了京东全员信，再度登上热搜。

"自 2023 年 1 月 1 日起，京东集团副总监以上以及相对应的 P/T 序列以上全部高级管理人员，现金薪酬全部降低 10%~20%，职位越高降得越多。"刘强东在信中宣布，"如果两年之内，京东业绩重回高增长状态，集团随时可以恢复大家的现金报酬。"

此举目的，既是为了缓解运营压力，也是为了给基层员工提高福利待遇——在收购了德邦快递之后，京东直接增加了 18 万名员工。而截至 2023 年 6 月，京东员工已经突破 56 万人。

"德邦现有的员工，不管是外包还是自有的，都是我们的兄弟。自 2023 年 1 月 1 日起，逐步为十几万德邦的兄弟们缴齐五险一金，确保每个德邦兄弟都能'老有所养，病有所医'，为兄弟们提供基础保障。"刘强东在信中承诺。

当然，福利还不止于此。信中还提及，京东要拿出 100 亿元，为德邦在内的所有物流、客服员工设立"住房保障基金"；刘强东本人再捐 1 亿元，和公司资金一起扩充"员工子女救助基金"的规模。

这并不是空口说白话——给所有员工购买社保，京东一直都在做。

"要每个保洁员、快递员、保安跟京东签合同，不允许一个员工去外包，如果你这家公司挣钱，是靠克扣薪酬和五险一金，那是耻辱的钱。"刘强东曾在接受采访时如此表述。

在京东 56 万多的员工中，一线员工有 80% 来自农村，他们是家里的顶梁柱，基础保障对其的重要性不言而喻。出身苏北农村的刘强东自然深知这一点。从 2020 年到 2022 年，三年间京东给物流一线员工的薪酬福利开支已超过 1 065 亿元。

"以力服人者，非心服也，力不赡也；以德服人者，中心悦而诚服也，如七十子之服孔子也。"京东对员工的管理始终坚持一个朴素的商业逻辑：企业对员工好，员工才能用真心去服务客户，客户才能用信赖回馈企业。

优秀的管理既有科学的方法，也有艺术的魅力。在重拾低价之初，通过"一增一减"的策略，京东有效地调动了员工的士气和积极性——稳定的收入、五险一金等福利保障，让员工可以有尊严地工作和生活，也让他们形成了极强的职业责任感、企业认同感，从而更加积极地投入工作。

知名品牌专家陈明认为，京东在自降管理层工资待遇的同时，却为基层员工提高待遇水平，一方面是为了更好地平息推行低价策略所带来的组织震荡；另一方面，更为重要的是为了保证终端消费者的满意度不受影响，尽可能让低价策略不降低消费者体验，从而维护好京东 20 年来所建立的品牌资产。"此外，该举措也为其雇主品牌增加了不少好评。"他表示。

事实也的确如此。由于体现了对基层员工的共情和尊重，"一增一减"的薪酬调整也为京东赢得了广泛好评，而这份来自用户的朴素信心是行业少有的，自然也会逐渐投射到京东的品牌上，帮助京东完成更深层次的品牌形象塑造和深化。

最大的组织架构调整

当然，要打赢这场硬仗，光是调整薪酬一个维度远远不够，京东刀刃向内的改革也远不止于此。

在刘强东眼中，京东也得了“大公司病”，而且还病得不轻。

可以预见的是，这把变革的“大火”，不可避免地“烧”到了京东组织架构的调整上。

2022 年 11 月 23 日，京东全员信发布后一天，刘强东进行了京东新一轮的人事变动。这一次轮换，堪称近年来规模最大的一次——京东零售集团的各事业群总裁几乎均有调整，新上任的电脑通讯事业群负责人吴双喜和时尚美妆事业群负责人孔祥莹是京东的管培生，在京东已经任职 18 年的姚彦中开始负责大商超全渠道事业群……

5 个月后，也就是 2023 年 4 月，京东零售又启动了采销单元组织变革，取消事业群这一层级，将事业群变更为事业部，原事业群负责人担任事业部负责人，原事业群下的统管诸多商品品类的各事业部，将按照具体品类拆分为众多采销作战单元……

京东的组织变革改得很坚决、很迅速，根本目的还是提高效率。早在 2019 年，刘强东就已经提出了“Big Boss”管理机制，其核心理念是，将每一个细小业务单元都视为一个经营实体，每一个实体管理者都是一个真正的 Boss，底层逻辑就是，让所有的生产力实现“为自己奋斗”。此时此刻，京东就是在为实现这一目的而变革。

与此同时，在这场浪潮中，核心高管的变更无疑更加引人注目。

既要低价，又要品质。京东的低价策略想实现这种“既要又要”，首先要做的就是运营更加精细化，让每一分投入的效益最大化。少亏钱是赚钱，节流也是赚钱，所以 CFO（首席财务官）既要懂得赚钱又要懂得省钱——财务出身的许冉也在带领京东寻求这个最优解。

2023 年 5 月 11 日，京东集团发布公告称，京东集团原 CEO 徐雷因个人原因提出退休申请，京东集团 CFO 许冉接任，成为京东首位女性 CEO，主要负责集团各业务的日常运营和协同发展。接着在六个月后，许冉又接替了辛利军，兼任京东零售板块 CEO。

目前来看，许冉上任 CEO 后交出的答卷还不错。2023 年第三季度财报显示，京东归属于普通股股东的净利润为 79 亿元，同比增长 32%；非美国通用会计准则下净利润为人民币 106 亿元，同比增长 6%；营业成本增速低于营收增速，研发开支和行政开支分别同比下降了 7.8% 和 5.6%。

在陈明看来，京东的低价策略与其说是市场竞争的被动选择，不如说是企业内部改革的主动行为。"实行低价策略，必然带来企业内部对成本管理的高度重视，不但能消除各种浪费与惰性，而且能迅速提高各个部门之间协作的效率与内嵌的紧密度。"他表示。

京东的组织变革仍在深入推进，但要实现转型，单靠京东自身的力量是不够的。京东的低价策略要求京东自营和 POP 商家要一起发力，这也意味着京东的平台生态必须进行升级和进化。

生态进化：懂得让利，才有朋友

京东推进低价策略，离不开中小商家的支持。

一方面，考虑到物流等方面的成本，京东自营不大可能做到和竞争对手一个价格，尤其底线还是"不能贵得太多"。另一方面，POP（京东平台上的第三方买家）商家则有所不同，他们有机会做到和竞争对手一样的低价，甚至可以成为京东推进低价策略的攻坚力量。

由此可见，京东要重拾低价武器，还需要生态的进化。

首要问题还是扩充 POP 商家数量

在商业的世界里，有一种不变的规律，那就是"马太效应"。它指的是强者愈强，弱者愈弱——头部品牌占据市场的绝大部分，而中小品牌只能苟延残喘。这种规律在多数行业都存在，尤其是在发展日趋成熟的行业，竞争的白热化使得品牌集中化的趋势更加明显。

但是，如果换一个视角来看，情况又有所不同——在电商平台的战场上，中小商家虽然没有品牌优势，却有着丰富的商品供给。这些商品往往是低价的，甚至是超低价的。

当电商平台纷纷打起"低价战"之时，低价商品也就成了平台"军火库"中重要的"弹药"。也就是说，谁能留住更多的中小商家，谁就能掌握更多的低价商品的供给，从而吸引更多的消费者，提高自己的市场份额。

京东推进低价策略，离不开中小商家的支持。刘强东当然明白这一点，因为考虑到物流等方面的成本，京东自营不可能做到和竞争对手一个价格，尤其底线还是"不能贵得太多"。但 POP 商家则不同，他们有机会做到和竞争对手一样的低价，甚至可以成为京东推进低价策略的攻坚力量。

总之，POP 商家数量更多、活得更好，与京东自营形成互补，京东才能在更多品类和 SKU（最大存货单位）上做到可持续的低价。

于是，为 POP 商家提供更好的平台生态成了京东发力低价的必修课。

然而，这一转型似乎与京东长期以来的优势存在冲突。众所周知，京东一直以自营模式为特色，不少消费者选择京东购物，也是看中了这一点。

在某种程度上，如今阻碍京东转型低价的正是曾经的优势：正因为和品牌商深度绑定，京东自营才能保证正品，货源供应才能稳定，大规模直采也带来了更低的成本价；也因为对供应链的长期投入，京东自营才能做到送得快、售后好；由于设置了商家入驻的高门槛，才最大限度杜绝了假冒伪劣商品。降低 POP 商家入驻门槛，某种程度上将损耗京东原有的优势。

但无论如何，面对淘宝和拼多多数百万量级的 POP 商家数量，京东在改善生态方面的当务之急仍然是扩充 POP 商家数量。这意味着京东需要在保持平台品质的同时，为更多 POP 商家提供发展的机会。

"春晓计划" 上线

在成为盖亚卫浴的老板前，李权曾是一名一线互联网公司的软件工程师。回乡创业的他，一开始并没有选择京东。"其实在另一家平台开店的时候，我就很想入驻京东开店，更信赖京东的质量和服务体验，无奈当时觉得京东的入驻门槛太高，还需要高昂的保证金。"他回忆。

然而，在踏入已是红海类目的浴室柜市场后，李权就很快陷入了激烈的价格厮杀。在某电商平台开店卖浴室柜后，因缺乏经验，他亏损严重——不到 10 万元的营业额，亏损还占了 5 万元。

2023 年 1 月，京东推出"春晓计划"，通过"0 元试运营""0 元平台使用费""2 100 元新店大礼包"等 12 条专项扶持政策，扶持第三方商家入驻和成长。看到在京东开店有福利，不少商家决定加入其中。

因为入驻门槛的大幅降低，李权决定在京东这里试一试。2023 年 3 月，李权和合伙人正式开通京东店铺。他们先开通了个人店铺，4 月份又开通了企业店铺。在"春晓计划"的保障下，李权和团队选择参照"保姆级"教程，跟着平台走。

如同打游戏过关斩将一样，第一周、第一个月、第三个月……新店铺需要完成哪些任务，达到什么样的效果，京东"商家成长中心"都有明确的指向。完成销售额后，就有一定的奖励。例如，"5 000 元广告虚拟金"激励，能帮助中小商家智能拟定一些广告投放计划。到了后期，商家们对京东更为熟悉，就可以手动来圈定目标人群，独立布局更详细的广告投放策略。

值得一提的是，京东还会提醒商家有的放矢。

"刚开始我们不懂广告投放，投入产出比很低。比如，我计划广告 ROI（投资回报率）能达到 6，在圈定一些关键词后，京东上的广告锦囊就会亮红灯提醒我这个关键词圈得不对，ROI 会比较低，我就会基于此再进行判断。"李权说。

借助京东对新商家的扶持与指导，李权的店铺广告投放计划，基本实现了工程化与自动化，引入精准的人群流量并持续盈利。在京东"春晓计划"的助力下，凭借"质量第一，服务至上"的经营理念，李权的个人店铺已晋升为 L2 层级，企业店铺则晋升为"五星店铺"。

"春晓计划"只是第一步，京东在改善平台生态方面可谓动作频频。

2023 年 4 月 9 日，京东零售确立了最新的组织架构变革框架，拆分后的经营单元内，将不再区分 POP 和自营，二者全面打通，由统一的品类负责人管理，进一步实现流量"平权"；2023 年 8 月，"春晓计划"迎来升级，带来 20 项扶持商家的举措，为商家打造了"更多流量、更快运营、更好服务、更省成本"的开店体验。

得益于此，京东开放生态建设也取得了显著成效，商家规模、商品供给都实现了快速增长。第二季度，京东新增商家数量同比增长了 417%，三方商家整体的数量同比增长超过一倍，达到了历史最高水平；第三季度，整体商家数量同比保持三位数增长。

"一日之计在于晨，一年之计在于春。"春天和早晨总是被寄予更多希望。重拾低价武器的京东，也赋予了"春晓计划"美好寓意——促使更多中小微企业入驻平台，让京东的生态形式更加丰富，为京东的低价策略带来商家的"增量"。

陈明也肯定了京东重新构建平台生态的举措："建立一个更高效率和效能的平台生态，真正落实'成本、效率、体验'的经营战略，为企业建立更有价值的竞争壁垒。"

在改善平台生态之外，京东正不断在供应链这片沃土上深耕细作，实现自我突破。在某种程度上，供应链进化与低价策略可以说是"专业对口"。

供应链进化：一体化，挤水分

什么是京东最核心的资产？供应链绝对能算一个答案。官网显示，京东给自身的定位是"以供应链为基础的技术与服务企业"。截至 2023 年第三季度末，京东供应链基础设施资产规模达 1 486 亿元，同比增长 17%；京东物流运营超 1 600 个仓库，仓储总面积（含云仓）超 3 200 万平方米。

与其他互联网零售平台相比，基于自建物流体系的供应链能力是京东的核心竞争力；从品牌的角度来看，代表高效、便捷的京东供应链也是京东最重要的品牌资产之一。低价是一种系统化的综合能力，其根基在于供应链。可以说，低价表象的背后是立足于供应链的更低的运营成本和更高的运营效率。

在供应链里"挤水分"

供应链是在生产及流通过程中，涉及将产品或服务提供给最终用户活动的上游与下游企业所形成的网链结构，即将产品从商家送到消费者手中的整个链条。我们熟悉的物流快递，也只是整个链条中的"最后一公里"。

2023 年 10 月 19 日，"京东 11·11 真便宜"发布会正式举行。会上，前京东零售 CEO 辛利军表示，一直以来，京东推崇的低价，不是靠以次充好、缺斤少两、偷奸耍滑换来的"假低价"；而是靠诚信经营，持续在供应链里"挤水分"，把通过极致效率省下来的钱让利给用户和合作伙伴，能够真正促消费，激发消费市场活力的

"真低价"。

事实上，供应链的效率直接影响着商品的价格和质量，也影响着平台的品牌与口碑。如果能够优化管理，比如降低库存、提高运输速度等，就会带来成本下降、品质提升、用户体验提高，也就是做"真低价"。

所以，推进低价策略，还要凭借京东供应链里的真功夫。这对京东而言，绝对算得上是"专业对口"。官网显示，京东给自身的定位就是"以供应链为基础的技术与服务企业"。

事实上，在加速推进低价策略的同时，京东在供应链方面的布局仍在加速。截至2023 年第三季度末，京东供应链基础设施资产规模达 1 486 亿元，同比增长 17%；京东物流运营超 1 600 个仓库，仓储总面积（含云仓）超 3 200 万平方米。

此外，2023 年 10 月，京东在青岛、重庆、德州等全国多地的亚洲一号自动化分拣中心陆续完成升级改造，自动化分拣性能和产能大幅提升，包裹从进港到出港最快只需十几分钟，分拣效率达到人工分拣的 5 倍以上。

这些投入带来的是京东供应链整体效率的再度提升。

一方面，相关成本和费用呈现稳定或下降态势。2023 年第三季度财报显示，京东当季营收成本为 2 089 亿元，与 2022 年同期的 2 073 亿元相比仅增长 0.8%；当季总务与行政开支为 25 亿元，不仅较 2022 年同期下降了 5.6%，且其占净营收比例也由 2022 年同期的 1.1% 下降为 1.0%。

另一方面，库存管理的核心指标——库存周转天数也在下降。在千万级别的自营商品 SKU 数量基础上，京东在 2023 年第三季度的库存周转天数进一步降低至 30.8天，比 2022 年同期加快了 0.9 天，持续优化并保持全球领先地位。

这一成就得益于京东在行业内独树一帜地提出并应用的"端到端库存管理"技术。这一技术成功减少了因需求不确定性带来的预测误差，显著提高了补货决策的精准度。同时，它也缩短了库存管理决策过程的链条，为持续优化库存周转速度提供了可能。

更快的库存周转，意味着京东能帮品牌和商家在更短的时间内卖出商品、回笼资金；更高效的智能供应链决策和协同，意味着合作伙伴与京东相互更深入地协作、共享数智化社会供应链带来的产业效能，这比一个企业单独运作更能减少资源的重复使用，从而省下不少成本，促使产品价格降低。

在陈明看来，京东之所以敢采取低价策略，也是因为其20年的供应链沉淀，以及通过加强数字化管理能力，而获得的更低的运营成本和更高的运营效率。"作为一个以零售为主营业务的企业，在采购成本无法获得优于对手的革命性突破的时候，强化内部管理的效率和挖掘供应链环节的成本空间是唯一有效的选择。"

把大牌做出了白牌价

供应链的链条很长，能"挤水"的地方也很多。

刘强东曾经提出针对消费品行业的"十节甘蔗"理论，他将消费品行业的价值链分为创意、设计、研发、制造、定价、营销、交易、仓储、配送、售后十个环节。

京东C2M（Consumer-to-Manufacturer）模式追求将十个环节打通，形成完整的生态闭环。2020年，京东发布"C2M智能工厂"计划，覆盖从需求分析、研发设计、采购供应链、生产制造、质量管理、仓储物流到销售服务全流程的13个细分环节。

通过引入京东C2M反向定制在供应链里"挤水分"，也让品牌商在上游开发制造环节获益匪浅。截至2023年12月，京东C2M已服务超过4 000个品牌，节省了80%的产品需求调研时间，新品上市周期比以往缩短70%。

可以说，京东用C2M反向定制打造的低价案例不胜枚举。

2020年，公路自行车大火，但国内合格的生产商却不多。一时间供不应求，圈内"炒车"成风，一辆公路自行车价格上万都不罕见。瞄准风口的京东采销俊琪，找到自行车厂商喜德胜，希望合作定制一款高颜值、高品质、高性价比的公路车。

作为山地车大牌，之前并未涉猎公路自行车的喜德胜对合作将信将疑，但最终还是被俊琪打动。2022年双十一，喜德胜RC 618公路车上市，俊琪说服喜德胜将价格降低到2 799元，结果RC 618立刻卖爆，喜德胜喜出望外，借此大力发展公路自行车，成为这一领域的线上销售第一。

在京东持续发力低价策略的2023年，C2M模式也在供应链"挤水分"的举措中不断发力。

台式电脑市场高度成熟，成本几乎降无可降，供应链也被优化到极致，大牌台式电脑的价格都在四五千元以上，并且台式电脑市场被笔记本电脑冲击，不断萎缩。

台式电脑采销小陈看准了高性能移动CPU价格下降的契机，也注意到在财会等简单办公场景下，很多台式电脑性能冗余的问题。他决定把笔记本CPU放进了联想

"小新"台式电脑里，以此降低成本，并一口气抛出一张大订单，大胆承诺"包销兜底"。

通过规模效应和降本增效，联想小新的价格降低到令人咋舌的 2 599 元，这一举措使得大牌产品做出了白牌价①，毫无悬念地冲上 2023 年三季度台式机单品第一。

京东在供应链里"挤水分"，既是让自身平台"善用优势"，也是在帮助商家"善用精力"。把省下来的钱让利给消费者、品牌和商家，以"真低价"助力激发市场活力，京东带动了自身企业经营和产业生态良性发展，为低价策略的实施创造优势。

多管齐下，重拾低价武器的京东，一切维度的进化终将转化为综合实力的进化……

实力进化：打硬仗，打胜仗

战略、组织、生态、供应链……这些词语，或许在过去的十年里，只是一些商学院的教科书上的概念，但在京东的创业历程中，却是一次次决定生死存亡的关键因素。京东从一个卖光盘的小店，成长为中国最大的自营电商平台，背后是一场场惊心动魄的商业大战，也是一次次勇于变革的自我进化。

在重拾低价这一"唯一基础性武器"后，京东迎来了新的挑战和机遇。"618""双 11"，这不仅是电商的促销节日，更是京东展示自己的舞台。综合实力再度进化的京东，这次不仅敢于打硬仗，更要打胜仗。

全行业投入最大的一次"618"

2023 年 2 月 25 日，凌晨两点，京东总部的一间"作战室"灯火通明，二十几位员工围坐在一起，正在核查一批商品的价格——他们是刚刚成立不久的京东百亿补贴项目组。

9 天后，京东百亿补贴频道上线，成为京东 App 的一个常态化入口。

---

① 白牌是指没有标志的、价格便宜的商品，这里的"白牌价"指价格便宜。

从 0 开始的百亿补贴项目，涉及 74 个子系统的改造，业务复杂，任务繁重。不过京东的干劲很足——从春节前两周立项到正式上线，去除春节假期只花了一个多月。"过去，类似级别的项目，从立项到上线，在京东起码要耗时五六个月。"一个项目团队成员这样感叹。

至此，京东打响了低价策略的第一枪，而随后的两场硬仗——"618"与"双11"，京东也做好了准备。

事实上，每个购物狂欢节都是消费最活跃的阶段，而大促活动本身就与低价强关联，正是抢占消费者低价心智最关键的时期。

每年 6 月是京东的店庆月，每年 6 月 18 日是京东店庆日。2023 年是京东创业的 20 周年，2023 年的"618"也因此与以往不同。这个后疫情时代的首个正式大促对京东来说意义重大，这将是京东史上助力商家增长投入最多、举措最强的一次"618"。

"五一"还没到，京东已经开始筹备"618"。

4 月 20 日，2023 年京东"618"商家大会正式举行。京东零售 CEO 辛利军在会上表示，不仅要在 2023 年的"618"帮助商家把货卖好，更要让商家获得销售额持续稳定增长的信心。

会上，京东宣布推出"减负增收"大礼包，以更加开放的生态、更优质的流量、更高效的运营，向所有商家增加 20% 投入，帮助商家平均降低 30% 的运营成本，并实现中小微商家销售增速翻倍。此举无疑是为了更好地服务于消费者，并为商家带来更多的商机。

5 月，京东上线了"单件到手价""买贵双倍赔"功能，以更加直观的价格和更加强调性价比的方式，进一步强化平台的低价心智。这一举措将使消费者在购物时更加放心，同时也能够更好地满足价格敏感人群的需求。

同时，为了在这次"618"补齐内容短板，京东甚至还请来了"四处交朋友"的罗永浩作为嘉宾，在京东直播平台上进行直播销售。据悉，罗永浩 5 月 31 日的直播首秀全场销售额突破 1.5 亿元，累计访问人次 1 700 多万，而最引人注目的亮点则是罗永浩以 6.18 折的折扣卖出一套精装修公寓。

此外，京东还看中了 6 月中旬的阿根廷中国行友谊赛。作为赛事赞助商的京东，默默在线下发力。在阿根廷与澳大利亚的友谊赛开场前，一位京东小哥捧着快递盒上场将一颗足球送到了主裁手中，并且向球员高兴地挥了挥手。在微博上，京东也借着送球的东风，为自家"618"打广告。

多管齐下，京东在"618"初尝低价策略的成果。

2023 年 6 月 19 日凌晨，京东率先公布了 618 战报。报告显示，截至 6 月 18 日 23：59，京东 618 增速超预期，再创新纪录，大量的品牌商家在这个京东"618"获得了亮眼的增长。不仅线上品牌商家参与数量达到历史最高，线下实体门店参与数量也创新高。同时，3C 数码、家电家居产品以旧换新成交额同比增长超 150%。此外，"618"期间，参与百亿补贴的商品数量"达到 3 月的 10 倍以上"，"一键价保"被点击了超过 6.6 亿次。

在"双 11"战斗的"红马甲"

而在"双 11"这个备受瞩目的战场中，一群"红马甲"从幕后走到台前，通过一系列精彩的直播带货，让人们见识了京东采销的拼搏精神与专业能力。

从 10 月 25 日的首次直播开始，到 11 月 11 日晚，京东家电家居洗衣品类的采销小孟在京东采销直播间进行了六次带货直播。他的直播吸引了数十万观众的关注，并成功推动了近千万元的家电销售。他特别推荐的一款品牌内衣洗衣机，更是在全网最低价 1 699 元的策略下，成为销售的爆款，一次直播的销售量就超过了平时一个多月的销售量。

2023 年的"双 11"，这些主播的专业降价策略，引发了一场"薅羊毛"的狂欢。人们发现，这些采销主播是真的在为消费者提供优质的商品和服务。

在 2023 年 11 月 11 日晚的最后一场直播中，小孟穿上了公司为京东采销订制的红色马甲。这是他入职京东四年来，第一次穿上公司为京东采销订制的红色马甲。对于一个年轻采销来说，他并不知道这件马甲背后的含义，但对于那些有十年以上司龄的老采销来说，这件马甲代表了京东采销的战斗精神又回来了。

而在精神之外，京东采销的专业能力，也是推进低价策略过程中不可或缺的能力。

采销，是零售业最基本也是最关键的岗位。它不仅是采购和销售的结合，更是零售运营、市场、技术、客服、售后等岗位的基础。一个优秀的采销人员，不仅是好物的发现者、品质的守门人，更要能够帮消费者把价格谈到最低，为消费者充当好价格谈判官的角色。

面对行业内的价格虚高现象，京东家电家居厨小电器采销勃哥直言不讳地指出："一台成本仅 200 多块的电器，在某些头部主播的手中竟然被炒到 600 多块，还自称'全网最低价'，这简直是荒谬！我们必须打破这个局面，坚决将价格降下来。"当决定开展采销直播时，勃哥和他的团队马上行动，没有场地就占用副总裁的办公室或会议室，让老板到外边办公。

随着京东采销直播的大火，很多之前不同意降价的品牌开始转变态度，甚至主动提出折扣，请京东采销直播带货。同时，京东采销直播"无坑位费、无佣金、无套路"的"三无"特色，也让动辄一次要向头部主播交几万到几十万元坑位费或 20%~80%佣金的品牌们，感到耳目一新。

2023 年"双 11"，京东的采销"红马甲"凭借出色的表现，让人们看到了京东在巩固低价心智上的决心和实力。这种决心和实力源自京东对品牌实力进化的自信，同时也彰显了京东在品牌进化方面的勇气和魄力。

经过近一年的调整，京东在战略、组织、生态和供应链方面都取得了显著的进化。在 2023 年"双 11"这个备受瞩目的电商大战中，京东交出了一份令人满意的答卷。

2023 年 11 月 12 日凌晨，京东发布了"双 11"战报总数据。数据显示，截至 11 月 11 日 23：59，2023 年京东"双 11"成交额、订单量、用户数齐创新高。其中，京东采销直播的总观看人数突破了 3.8 亿。此外，累计超过 60 个品牌的销售额突破 10 亿元，近 20 000 个品牌成交额同比增长超过 3 倍，新商家成交单量环比增长超过 5 倍。

京东在两场硬仗中多管齐下，成功落地了多项低价举措，并取得了显著成果，彰显了京东在品牌进化方面的自信，也体现了京东在顺应市场需求过程中自身积极求变的决心和实力。

🛡 品牌手记

在更高的维度上持续进化

品牌，不只是一个名字或一个标志，更是一个生命体，不断演进、充满活力。品牌的进化，源于企业对消费需求的洞察、对市场变化的响应，也体现了对品牌自身发展的追求。

收入增速放缓、市值大幅缩水……面对消费趋势转变所带来的巨震，京东并没有退缩：2022年年末，京东选择重拾低价武器；2023年，京东全面执行低价策略。

然而，转向低价，看似简单，实则不易。

一方面，作为国内电商领域的佼佼者，京东坚守"正道成功"的价值取向，所追求的低价也不是简单的"全网最低价"，而是可用可信任的低价，其遵循着"成本、效率、体验"的零售本质。因此，京东要做低价，也是在给自己出一道难题。它考验的是一种系统化的综合能力，也就需要多个维度的进化——战略、组织、生态、供应链……

另一方面，几近成为高品质电商体验代名词的京东，要重拾低价武器，必须面对"低价"和"品质"难以兼得的现实——重塑"低价心智"困难重重。某种意义上，京东正在革自己的命，这需要极大的勇气与魄力。京东正在重回战斗模式，用"战斗！战斗！"的拼搏精神突破难关。

尽管实施低价策略面临无数挑战和困难，但京东却能从中汲取力量。回顾京东发展史，这家公司一直有战斗基因，擅长打硬仗，不断变革自我、击败对手。这种战斗基因首先体现在，京东敢于直面现实、拥抱变化、革自己的命。

2023年的"618"与"双11"，京东低价举措成果初显。这是品牌进化的必经之路，也是自身不断壮大的关键一步。

在更高的维度上，京东还在继续进化。

作者简介

黄博文，每日经济新闻品牌价值研究院研究员。中级经济师。专注品牌热点现象报道，擅长数理统计与数据分析；作为主创人员参与的"每经品牌100"，荣获2023年度四川新闻奖一等奖。

创新篇

比亚迪
美的集团

一路向前：

比亚迪从中国智造

到中国自信

黄宗彦

品牌档案

比亚迪（SZ 002594）

品牌价值 2 427.74 亿元

2024 中国上市公司品牌价值榜 TOP21

2024 中国上市公司品牌价值海外榜 TOP11

2024 中国上市公司品牌价值活力榜 TOP7

2024 广东上市公司品牌价值榜 TOP4

2024 中国汽车行业上市公司品牌价值榜 TOP2

（数据来源：每日经济新闻和清华大学经济管理学院中国企业研究中心联合发布 2024 中国上市公司品牌价值榜）

从一家名不见经传的电池制造商，到今天中国新能源汽车第一品牌，比亚迪穿越重重质疑，被寄予了中国汽车工业未来的希望。在这家企业身上，其实并不存在任何奇迹，它所有的成功，都源于近三十年来年如一日的投入和坚持。

如今，比亚迪实现新能源车 600 万辆下线，以超 30% 的市场占有率稳居中国第一。值得一提的是，2023 年上半年，比亚迪累计销量突破 125 万辆，在全球新车销量排行榜中首次跻身前十；此外，截至 2023 年 11 月，比亚迪新能源乘用车业务已覆盖 59 个国家及地区，在欧洲累计开店超 170 家……

作为民族品牌代表，比亚迪未来将携手更多自主品牌，一起出征海外，并向全球展示什么是"中国自信"。

引子

2023 年 11 月 24 日，比亚迪第 600 万辆新能源汽车下线，成为其发展史上的一个里程碑。在先前的 500 万、300 万、100 万辆新能源汽车下线的关键节点上，公司曾通过盛大的发布会向外界展示骄人的成绩。然而这一次，他们选择了一种截然不同的庆祝方式。

没有喧嚣的庆功宴，没有创始人王传福声情并茂的演讲，甚至没有对外召开发布会，比亚迪仅在官微发布了一张郑州工厂员工围聚在 "6 000 000" 数字板周围的合影，这张照片有一个标题：比亚迪第 600 万辆新能源汽车下线。

从 500 万辆到 600 万辆，比亚迪仅用了 107 天。这个数字是什么概念？100 万辆几乎是 2022 年国产自主品牌 TOP10 排行榜中从第二名到第十名的销量总和。

在新能源汽车领域，销量就是最好的品牌宣传。今天的比亚迪蕴含着一种更加深远的自信，以及一个成功品牌仍然保持的默默耕耘、一往无前的决心。在成为当之无愧的 "新能源汽车领导者" 之后，比亚迪将持续在新能源赛道的边界进行延伸，并提出了 "为地球降温 1℃" 的宏伟远景。

比亚迪的品牌故事，不仅是一个企业一路向前终获逆袭的经典商业案例。从某种意义上来说，这个足以代表中国新能源汽车第一自主品牌的企业，其品牌成长史还具有 "中国智造" 向 "中国自信" 转变的跨时代意义。

赛道：在一起，才是中国汽车

2023 年 8 月 9 日，比亚迪创始人、董事长兼总裁王传福在公司第 500 万辆新能源汽车下线的发布会上表示，在新能源汽车赛道上，中国企业已掌握了相关核心技术和完备的产业链，正在创造一个又一个历史和纪录，"中国有创造世界级汽车品牌的基础和实力，中国汽车产业必将诞生一批令人尊敬的世界级品牌"。

与此相印证，乘联会①披露数据显示，2023 年 1—11 月，我国自主品牌的新能源汽车零售渗透率达 62.1%，市场零售份额占比 70%；合资品牌渗透率为 6.6%，市场零售份额占比为 5.1%。

赛道生变：从群雄逐鹿到生存者之战

2023 年 8 月，凤凰卫视播出了一期《一虎一席谈》，话题是"新能源汽车全球博弈，谁是最后赢家"。节目中，多位嘉宾不约而同地表达了相似观点：现今的新能源汽车赛道已经非常拥挤，未来几年内行业集中度将进一步提升，不少没有造血能力的自主品牌将倒下，最终的幸存者屈指可数。

有数据统计，大约在 5 年前，陆续有 500 家厂商先后涌入新能源汽车赛道，开启群雄逐鹿时代；如今，赛道上只剩下 50 家厂商还在鏖战。有观点预测，再过 10 年，可能只剩 10 家幸存。

在 2023 年 11 月，比亚迪新能源乘用车占有超 30% 的市场份额，位居市场第一。但这并不代表市场会一成不变。当前的新能源汽车赛道品牌林立，不仅有国际巨头特斯拉，还有一众造车新势力。此外，传统中高端品牌，如 BBA（奔驰、宝马、奥迪）也都在近年先后表示将加大在新能源领域的投入，力图实现新能源领域的弯道超车。

比如，奥迪计划在 2024 年投入 120 亿欧元，奔驰计划在 2022—2030 年投入 400 亿欧元，宝马集团也在电芯、充电桩、智能化上有多年的布局。

时至今日，新能源汽车已经成为中国工业制造的一张名片，而作为自主品牌的领军者，比亚迪除了要稳固自身市场地位以外，也需要承担一定的发展民族品牌的责任。

在 500 万辆新能源汽车下线的发布会上，比亚迪发布了一条名为《在一起，才是中国汽车》的短视频，并分别回顾了东风、长安、蔚来、小鹏、吉利、理想、奇瑞等一众自主品牌的历程。

在比亚迪看来，新能源赛道的竞争，是一场中国品牌与海外品牌全面抗衡的战争，是一场在新阶段中国与世界工业制造领域的强者之间的对话。中国自主品牌需要携手同行，才能彰显中国品牌的价值和自信。

---

① 乘联会是成立于 1994 年的乘用车市场信息联席会的简称。2009 年加入中国汽车流通协会，2011 年更名为中国汽车流通协会汽车市场研究分会，但仍保持品牌名"乘联会"。

为了实现"中国自信"，中国品牌已等待了太久。即便在今天回顾比亚迪初入赛道的那一刻，依然能从中感到自主品牌崛起之路有多艰辛。

在 2003 年，彼时的中国汽车市场正步入"以市场换技术"的合资时代。比亚迪，打从一开始进入汽车领域就备受嘲笑和质疑。

令人意想不到的是，20 年后，那个备受质疑的电池大王，数十年如一日地坚持自主研发，一路砥砺前行，终于在政策、资本、市场等多方的共振下迎来爆发，一跃成为中国新能源汽车第一品牌。

在品牌专家、厦门大学品牌与广告研究中心主任黄合水看来，一个全新的市场领域，往往蕴含很大的风险。已具备知名度的品牌不愿意冒险，消费者也不愿意冒险。这就给了比亚迪一个积累市场经验的机会，一个充当"先驱"的机会。当新市场经验积累到一定程度，消费者风险顾虑迅速降低时，就是品牌飞跃发展的最好时机。

比亚迪品牌及公关处总经理李云飞在一次公开采访中，回忆起比亚迪第一次参加北京车展的情形："在 2004 年，全场没有一个品牌有电动车，就我们有。所有人都拿我们当笑话看。但到了 2014 年再来北京车展，全场所有品牌都有电动车，不管是自己生产的还是别人生产的，开上去的还是推上去的。谁要是没有电动车，反而被当作笑话看。"

准确来说，比亚迪不是选择了新能源汽车赛道，而是开辟了这条赛道。

赛道扩展： 除了造车还造什么？

2023 年 9 月 26 日，比亚迪第 7 条云巴线路——合肥比亚迪园区云巴正式开通，这也是比亚迪当年开通的第 3 条云巴线路。

据了解，比亚迪此前开通的 6 条云巴线路，包括深圳坪山、重庆璧山、长沙大王山三地的市政线，以及位于深圳、西安、长沙三地的园区线。市政线面向公众开放，园区线供比亚迪工业园区的员工内部通勤使用。

可能不少人对于比亚迪的印象，还停留在新能源车企上。但实际上，经过近 30 年的布局，比亚迪在新能源领域已形成汽车、轨道交通、新能源和电子四大产业，包含电池、太阳能、储能、乘用车、商用车、叉车、云巴等能源和公共出行的综合解决方案。

在这些不同的产业里，商用车是比亚迪较早涉足的领域。

早在 2009 年，比亚迪就已进入纯电动客车、纯电动叉车行业；2010 年，比亚迪与深圳市政府合作，将纯电动车"e6"投入出租运营，实现全球首批纯电动汽车市场化运营。深圳也成为全国第一个电动车示范区。由于出租车使用频率高，十分考验汽车性能，正好可以用来检验比亚迪电动车质量。与深圳市政府的一系列合作，也为比亚迪日后的商用车出海提供了宝贵的市场验证机会。

现如今，比亚迪的新能源出租车和大巴在国内大城市随处可见，纯电大巴甚至已进军 70 个国家的 400 多座城市，并在欧洲、拉丁美洲、日本等地的市场占有率稳居首位。

2022 年 8 月，比亚迪首次上榜《财富》评选的世界 500 强。在庆祝海报上，比亚迪提出"产业不只有汽车、业务不只在中国"，在对自身角色进行重新诠释之余，也从侧面传达出公司不断进取、一路向前的拼搏精神。

比亚迪在官网写道："持续通过绿色技术、产品和解决方案，加快二次能源驱动交通体系发展，助力地球降温 1℃。作为绿色梦想坚定践行者和实践者，比亚迪开发出太阳能、储能电站和电动车，打通能源从获取、存储到应用的全产业链各环节，用电动车治理空气污染、云巴治理交通拥堵，构建绿色大交通体系……"

如果说，20 年前的比亚迪敢于涉足新能源汽车是一次带有前瞻性的攻城略地，那么公司不断向产业纵深布局，就是加固自身行业壁垒的守城之举。

仔细剖析比亚迪汽车的成功经验，很重要的一条就是比亚迪牢牢掌握了全产业链的自主可控，这也是比亚迪可以从容地延展新能源赛道边界的基础。这种模式带来的成本和技术优势，也是其他选择代工的自主品牌无法模仿和赶超的。

矩阵：全系出击，定义高端

2022 年，比亚迪发布了新的多品牌策略，丰富并完善了由比亚迪品牌（王朝、海洋）、腾势品牌、仰望品牌、方程豹品牌组成的多品牌矩阵。多品牌矩阵是比亚迪试图撬动中高端市场的一项重要的品牌升级动作，也是比亚迪致力于推动的战略体系。

由此，比亚迪的品牌矩阵上，产品线更成体系，用户群体更加立体，品牌形象更加丰富和饱满。

多品牌策略： 文化为根， 创新为魂

随着 2023 年 8 月份全新品牌"方程豹"的落地，比亚迪品牌矩阵的最后一块拼图已完成——定位大众的品牌"王朝""海洋"；定位豪华的品牌"腾势"；定位专业个性化的品牌"方程豹"；以及高端品牌"仰望"。

比亚迪股份有限公司品牌及公关处总经理助理罗昊向《每日经济新闻》记者介绍，比亚迪全新品牌矩阵覆盖从家用到豪华、从大众到个性化的用车定位，满足用户多方位、全场景用车需求，让每一位用户都能享受绿色出行。"不同的品牌承载的技术平台是不一样的，最终的产品差异和产品体验也不一样。我们希望通过不同的技术、不同的产品、不同的品牌带给客户更多更好的选择。"

2016 年在比亚迪的品牌发展史上可以算是一个分水岭——一是当年比亚迪将更多的资源和精力投入到品牌升级中，二是文化元素成为比亚迪汽车的品牌内涵。

在当年的 2 月，比亚迪调整组织架构，单独设立集团品牌与公关处，负责集团品牌提升工作；4 月，公司在北京召开了主题为"元·梦 前所未驭"的品牌盛典，发布新车型"元"的同时高调推出"王朝"系列，并以此奠定了沿用至今的"多品牌策略"；仅在 3 天后，比亚迪启动"品牌价值创造"仪式，宣布牵手全球知名的罗兰贝格战略咨询公司，全面启动品牌升级。

实际上，从 4 年前的 2012 年开始，比亚迪的"秦""唐"就已经陆续上市，但直到"元"的发布，才对外正式确立了"王朝"这个子品牌。

2016 年 11 月，比亚迪聘请前奥迪设计总监沃尔夫冈·约瑟夫·艾格，先后完成了"宋""唐""汉"等车型的设计；随后，沃尔夫冈·约瑟夫·艾格更是在 2018 年推出龙颜（Dragaon Face）的外形风格，大幅提升了"王朝"系列的颜值，不仅让比亚迪的整体品牌形象抬高了一个台阶，还为公司此后的多品牌战略提供强有力的支撑。

比亚迪的"多品牌策略"，来源于市场细分理论。该理论由 20 世纪 50 年代中期美国学者温德尔·史密斯提出，至今仍是品牌营销领域最常见的策略之一。简单来说，就是将整个市场按不同的消费群体和需求进行匹配，并针对性地推出个性化产品

和服务，以抢占更多市场份额，提升公司整体品牌价值。

这项策略对比亚迪而言十分重要。首先，比亚迪早年的给人的印象是"模仿者"，然而，一旦有能力陆续推出多条产品线覆盖低、中、高细分市场，形成全新的子品牌矩阵，就有可能快速打破消费者心中对比亚迪品牌的固化印象，树立起全新的品牌形象。

但开拓细分市场往往也有较大的风险。一是，多条产品线对设计、研发、产销、管理等硬实力有极大挑战。如果没有丰富的技术储备、资金储备和人才储备，就很容易沦为"全面发展、全面平庸"的结果，甚至拖垮主品牌。二是，全新的子品牌需要有清晰的内涵和价值观，还要被消费者所认同和接受。如果产品不具有文化、情感等容易引起消费者情感共鸣的元素，就很容易变成消费者口中"冷冰冰的工业垃圾"。

罗昊认为："比亚迪是中国品牌中唯一一个将自己的设计理念、车型命名同中国文化与符号进行深度融合的品牌，它们不单是一款款产品，也是一份份责任和荣耀。"2012年比亚迪开启了以中国朝代命名的"王朝"系列，迄今为止已推出"秦""唐""宋""元""汉"五大家族系列产品，体现的都是中国历史上最为鼎盛、繁荣、伟大的时代，比亚迪车系采用历代王朝命名，希望将现在的工业产品与历史文化进行很好的结合。

在"王朝"系列的广告片里，比亚迪别出心裁地展示了车辆代号所属朝代的人物。比如，在"唐"的创意广告里出现了李白，"宋"的广告里出现了包拯，"汉"的广告里是关羽等。

在产品起名或者宣传推广时融合中国文化，是一个较为常见的营销策略，品牌方希望借此激发消费者的民族、文化认同感。但是，在汽车领域的刻板印象里，品牌和设计越中国风就越给人以一种不够洋气的感觉，反而会影响品牌价值。

很难想象，在被合资市场强势占领市场的2012年，比亚迪推出"王朝"系列第一款"秦"时，需要顶着多大风险与市场唱反调，将浓重的中国文化元素融入整体汽车设计。

在黄合水看来，国内品牌命名具有国际化倾向，通常意味着在该产品领域，我们与国际品牌还有较大的差距，消费者心中还存在品牌来源国效应，对国际品牌的各方面评价优于对国内品牌的评价。而比亚迪推出中国文化元素的"王朝"系列，是基于自己与国际品牌差距不大的判断之上做出的决定，是对自己的产品有信心的表现。

他接着分析称："对于自主品牌来说，只要产品品质不差，中国元素容易促使顾客产生情感认同。如果品质与国际品牌差距大，那么中国元素可能会为损害部分消费者利益而'背锅'。"

"王朝"系列的大获成功，不仅为比亚迪日后的"多品牌策略"路线坚定了信念，也为日后的文化营销奠定了基础。

现如今，比亚迪的品牌活动经常可以看到中国文化的影子，比如，推出的《山河中国》《国宝守护计划》等系列纪录片。外界也早已习惯性地将"民族品牌""中国汽车"等标签与比亚迪挂钩。

品牌跃升： 驶入高端， 定义高端

2023 年 10 月 24 日，深圳巴士集团安托山场站迎来一位重要的客人——美国加利福尼亚州州长加文·纽森。在试乘完比亚迪的电动巴士后，他点名试驾比亚迪的仰望 U8。

在媒体拍摄的视频中，他将仰望 U8 开到空地，按下"e4"功能键。随后车身开始在原地平稳转向。从 0°到 360°，总共用时不到 10 秒。

"很久没有看到这种（创新）技术了，十分具有跨越性！"加文·纽森惊叹道。在被问及是否愿意带一辆仰望 U8 回萨克拉门托（加州州政府所在地）时，这位州长笑着说："我想要两辆。"

这辆被加州州长青睐有加的仰望 U8 是比亚迪在 2023 年 1 月份重磅发布的首款百万级产品，搭载了多项代表公司最高自研水平的技术，比如"易四方""云辇"两大核心系统。基于这两大核心技术，车子可以实现原地掉头、应急浮水甚至渡河。

在外界看来，比亚迪在这个节点推出高端品牌仰望，属于水到渠成。

罗昊向《每日经济新闻》记者分析，传统豪华看车标，新能源豪华看技术。在新能源时代，超级技术成就高端品牌。比亚迪布局高端品牌，能够继承集团过往 20 多年构建的强大综合工业能力，以此打造出极致的跨时代产品。同时，高端品牌能给母品牌赋能，提升比亚迪的母品牌价值。

黄合水对这一说法表示认同。他同样认为，比亚迪涉足高端领域，是基于综合的品牌战略考量。"比亚迪要想成为'第一强'品牌，必须牢牢地占领高端市场。如果仅是占领中低端市场，最多只能称得上是'第一大'品牌。环顾全球，新能源汽车领域还没有一个拥有绝对优势和高市占率的高端豪华品牌。因此，比亚迪必须推出高端产品，挤占传统国际高端品牌的市场，这样才有可能真正实现对其他国际品牌的超越。"

并且，对汽车这类高科技产品来说，高端品牌的推出，才能证明品牌的创新能力，才能获得品牌的高附加值。这也是提升公司品牌价值最为关键的举措。黄合水补充说。

随着市场需求上升，各个国家应对气候变化的政策频频出台，传统燃油超豪华品牌也陆续切入高端新能源汽车市场。比如，宾利、保时捷、玛莎拉蒂、路特斯等。有观点认为，这些豪华品牌在燃油车时代累积的品牌价值拥有先天的优势和竞争力，初入高端赛道的比亚迪才刚在中高端市场站稳脚跟，难以在高端市场与传统豪华品牌抗衡。

事实上，传统燃油车豪华品牌推出的新能源产品越多，就越会帮助提高豪华车市场新能源汽车的渗透率，让更多的用户接受新能源车。目前在这一价位的市场中，新能源车的渗透率还很低，消费者对这一价位新能源车的接受才刚刚开始，仰望系列在技术上有先发优势，摆在其面前的其实是巨大的机遇。

乘联会副秘书长崔东树也曾发表过类似观点。他表示，进口车和合资豪华车当前在电动化转型上进展缓慢，尽管这些品牌有百年历史积淀，但还是侧重于燃油车领域。这也给中国品牌留出了更多上升的空间。

就目前新能源整体市场表现来看，十多万元的 B 级车销量依旧占大多数市场份额。这就意味着，高端新能源汽车市场在一段时期内不会是主战场。而比亚迪的仰望系列除了证明了"我可以"，更深远的含义是用一系列全面领先的技术为行业树立标准，并定义什么才是高端新能源汽车。

动力：科技为王，久久为功

2023 年 1—9 月，比亚迪的技术研发投入超过 249 亿元，研发费用大幅超过同期净利润。截至 2023 年，比亚迪的研发投入累计超千亿元，全球累计申请专利超 4 万项，获得授权专利超 2.8 万项。值得注意的是，比亚迪还在 2023 年年初发布了"易四方""云辇"，这标志着比亚迪的科技水平再迈上一个新台阶。

如果说丰富多元的多品牌策略是比亚迪攻占市场最尖锐的"矛"，那么坚持数十年如一日地大量投入科技研发就是比亚迪最坚实的"盾"。二者共同组成比亚迪的品牌灵魂，一攻一守，相得益彰。

研发"偏执狂"： 12 年中， 11 年研发费用超当年净利润

20 世纪末到 21 世纪初，汽车制造被誉为"现代工业明珠"。这个产业几乎涵盖了人类所有已知工种，它所代表的工艺水平在某种程度上甚至可以衡量出一个国家的国力水平。

比亚迪并非第一个跨界进军汽车制造的企业。

彼时，奥克斯、春兰、新飞、美的、格林柯尔等一众红极一时的知名家电企业也曾掀起一阵"造车"的热潮。它们手握大量资本，不惜成本向这个高尖产业发起冲锋，结果无一例外，它们均以不同程度的失败告终。尤其是涉足整车制造的企业，几乎全军覆没。

多年以后，有人为这些企业复盘失败原因时，有观点一针见血：比亚迪进入汽车行业并不是一次简单的跨界行为，底层逻辑还是基于自身产业链所做的重新整合与拓展，而那些家电企业才是实实在在的跨界造车——除了财大气粗基本没有任何汽车制造的优势。

从电池制造开始，比亚迪就一直在学习日本的产业模式甚至技术路径。这也在无形中为比亚迪提供了一种新的思路——日本汽车产业之所以可以称霸全球市场，与本土生产的电子器件不无关联。比如，电控系统、电子部件、模具、车载电池等，都是当时日本最具代表性的领域。从这点上来看，比亚迪本身具备电子器件的制造能力，再加上自身无与伦比的组装集成优势，做电动车虽然有难度但也不完全是天马行空。

同时，比亚迪在跨界前，已在电池领域筑起了相当高的产业壁垒，世界第二的位置难以在短期内被撼动，可以避免双主线业务中因市场竞争而导致的顾此失彼，从而为公司的新产业积累提供了充足的时间。相较之下，家电行业已逐渐沦为红海，日益激烈的竞争环境让这些企业分身乏术。

除了这两个先决条件之外，比亚迪能在激烈的竞争中存活，主要依靠数十年如一

日的研发和创新。

尤其在汽车制造领域，科技研发是绕不过去的基本功和护城河。近年来相继倒下的造车新势力也陆续证明，即便商业模式再新颖，没有研发支撑的品牌就是空中楼阁。

但比亚迪自己可能也没想到，这一投入就是近 20 年。数据显示，在技术研发上，比亚迪累计投入了上千亿元资金。在最近的 12 年中，有 11 年的研发投入超过了当年的净利润，甚至很多时候是净利润的 3~4 倍。

王传福此前曾表示，截至 2019 年年底，比亚迪累计推出 20 个车系、176 款不同型号的新能源车型。但是，2010—2019 年这十年时间里，外界并未对比亚迪有过多关注，不少人认为公司一直在原地停滞不前。

就算外界对研发过程的艰辛和成果一无所知，比亚迪也没有因此而减少研发费用，即便在公司面临生死存亡的 2019 年，仍有高达 84 亿元的研发费用，而这笔钱是当年净利润的 5 倍多。

长期的付出终于迎来回报。自 2020 年以来，随着刀片电池、DM 混动、CTB 电池车身一体化等关键技术的突破，再加上国家政策的大力扶持，比亚迪终于迎来它的春天——公司不仅重新在新能源汽车市场拿回主导权，也迎来了王传福口中"史上最好的比亚迪"。2022 年，比亚迪拿下全球新能源汽车销售冠军并跻身全球车企市值前五；2023 年 8 月，公司第 500 万辆新能源汽车下线；同年 11 月 24 日，比亚迪实现600 万辆新能源汽车下线的记录，稳坐全球新能源汽车销量头把交椅。

回顾比亚迪的造车历程，正是因为这 20 年的技术积累和投入，才有了如今的厚积薄发。

硬核支撑： 把所有可行的技术路线都走一遍

"技术为王，创新为本"是比亚迪自打成立之初就根植于品牌的发展理念。

这八个字看上去似乎可以套用在绝大多数行业，但只有真正投入大量人力财力去做研发的企业才明白，要想始终贯彻这个理念有多难。

王传福曾经回忆道，比亚迪在刚进入新能源汽车领域时，整个产业还处于空白状态。电动车很多系统是颠覆燃油车的，因此从零开始建立新的技术系统和产业链是很大的考验。

他补充道，公司在 2004 年北京国际车展上首次展出了三款新能源概念车。就算看到了样车，依旧没有人相信，新能源汽车能有未来。甚至连"新能源汽车"这个词，都还没有出现。

比亚迪首席科学家、工程研究院院长廉玉波也坦言，虽然比亚迪是做电池出身的，但是动力电池和传统的用作电动工具的电池相比，还是有很大区别。

因此，比亚迪在推出第一代电动车时，只是想着怎么把燃油车电动化。比如把油箱换成电池、把发动机换成电机，以及制动、空调的电动化，并没有发挥出电动车的优势。从本质上来看，当时的产品设计还没有脱离燃油车的思路。

"当时我们坚定一个信念，这些短板如果能攻克的话，电动车的使用性能一定能超过燃油车。"廉玉波曾公开谈道。

即便能看到技术上的缺陷并有的放矢地改进，比亚迪的研发之路也依然走了不少弯路，甚至遭遇过至暗时刻。

以插电混动研发为例，比亚迪在插电混动技术上做得最早，也做得最久，一路走来遇到不少弯路。2008 年，比亚迪发布了全球首款量产的插电式混合动力车型"F3DM"，搭载了全球首创的 DM 混动技术，后续又推出了 DM2.0 技术，代表车型分别是"F3DM""秦"和"唐"。

在外界看来，一切似乎十分顺利，然而到了 2018 年，也就是 DM 技术发展到第三代的时候，差点就走不下去了。当时中国的新能源汽车市场，插电混动所占份额还很小，而且技术本身还需要进一步优化和突破，面临着很大的不确定性。那时候，很多车企陆续放弃了插混技术的研发。公司内部也有很多反对的声音。但公司提出插混路线必须咬牙坚持下去，即使走错也认了！可以说，比亚迪把所有可行的技术路线都试了一遍。庆幸的是，到了 2020 年，比亚迪在插混专用发动机、EHS 电混系统、插混专用刀片电池三大核心技术上，迎来了突破和应用。公司把第一代 DM 双电机混动架构，和突破的三大核心技术结合在一起，研发出了 DM-i 超级混动技术。在此之后，插混市场迎来了转机，越来越多的企业投入插混技术的研发，插电混动也从非主流成为主流。

"不怕慢、就怕站"这句民间俗语用来形容科技研发十分恰当。

从第一代 DM 混动技术到 DM-i 超级混动技术，比亚迪用了 12 年；纯电动技术 e 平台从 1.0 到 3.0，比亚迪用了 11 年；电池车身一体化技术 CTB，前后研发更是历经将近 20 年；还有刀片电池、八合一高效电驱总成技术、易四方、云辇这些关键性技术的突破，都是比亚迪 20 年来稳步前行的成果。

即便已经大获成功，比亚迪仍旧没有放慢研发的脚步。公开资料显示，2023 年前三季度，比亚迪的研发费用超过 249 亿元，同比增长突破 129%，并大幅超过同期净利润。因为公司深知，在新能源汽车领域，没有永远的领先，只有永远的创新、竞争和挑战。

受大环境影响，2023 年就业形势较往年更为严峻，但比亚迪还是招了 3 万多名应届毕业生。按廉玉波的说法，这是为了给未来十年的"技术鱼池"做储备。

出海：布局欧日，中国自信

2021 年 5 月，比亚迪正式宣布"乘用车出海"计划，并将挪威作为开拓海外乘用车业务的首个试点市场；一年后，比亚迪进军日本。在这两个汽车竞争激烈的市场，比亚迪选择正面迎战。背后的底气正是对技术和品牌的绝对自信。

数据显示，比亚迪在 2023 年上半年已实现累计销售 125 万辆，首次挤入全球车企前十。或许在不远的将来，当我们游走在全球各大城市的街头，将随处可见比亚迪品牌的新能源汽车身影，就像 20 世纪末 21 世纪初中国街头巷尾的德系、日系品牌汽车一样。

海外加速落子： 技术自信消除文化差异

2023 年 11 月，比亚迪公开表示，公司在欧洲持续扩大新能源乘用车市场布局，"BYD ATTO3"（即国内的"元 PLUS"）、"海豚"和"海豹"在英国、法国、意大利、西班牙和土耳其陆续上市；比亚迪意大利米兰大教堂先锋店本月正式营业。同时，海豹入选欧洲 2024 年度车型候选榜单，"BYD ATTO3"在爱尔兰获年度最佳小型/紧凑型 SUV。

此时，比亚迪在欧洲的新能源乘用车业务已覆盖 19 个国家及地区，累计开店超过 170 家。

比亚迪的出海战略井井有条，得益于公司自创立以来就根植于品牌的出海基因。

在所有出海的车企中，比亚迪大概是最特殊的一家。

第一，在出海时机的把握上，一般企业都是发展到一定阶段后，要么出于品牌提升的需要，要么寻求业绩的增长，才会考虑布局海外市场。而比亚迪打从公司成立伊始，就因主要业务涉及国际市场，很早在海外设立了分公司。

早期比亚迪的主要客户比如摩托罗拉、诺基亚等，总部都在欧洲。为了与客户交流技术和产业更为便捷，比亚迪在 1998 年 12 月就在荷兰成立了第一家海外子公司。

第二，在出海的产品选择上，自主品牌往往优先将乘用车投放到市场，再考虑商用车。而比亚迪却是从商用车入手，再进行乘用车布局。在 2010 年左右，比亚迪通过收购美的三湘客车切入电动大巴领域，并在随后几年里顺利出海。

在全球范围内，比亚迪的电动大巴的足迹已遍布 70 多个国家，400 多个城市，引领全球向零排放、电动化公共交通转变。

第三，为了避免与本土品牌直接竞争，自主品牌乘用车在出海时往往优先选择发展中国家。而比亚迪却优先选择欧洲，将挪威定为第一站。在政策扶持下，挪威对新能源汽车接受程度很高，市场渗透率高达 70%～80%。

继挪威之后，比亚迪陆续登陆哥伦比亚、乌拉圭、巴哈马、多米尼加、巴西等拉美地区以及澳大利亚市场，并同时拓展至瑞典、丹麦、德国等欧洲国家。与此同时，比亚迪已经登陆日本，并计划逐步在东南亚、欧洲和拉丁美洲等地区建立乘用车厂。

此外，比亚迪已在泰国投建了首个海外乘用车工厂，预计 2024 年开始投产。

当然，比亚迪在海外战场冲锋陷阵之时，也会遇到不少的挑战。最典型的就是文化认同。比如，"王朝"系列的中控按键采用中文，这对外国人来说学习成本相当高。但改用英文，"王朝"系列也会失去它的特色。

王传福力排众议，他认为："中华民族一个显著特征就是汉字，为什么不能用？"

黄合水认为，海外消费者能否接受中国元素，主要受两个因素制约——一方面是看国家是否足够强大，包括军事、经济、科技等；另一方面是看产品是否比竞品好得多，或存在独一性，别人根本就制造不出来。若是国家强大，产品能够有效解决问题，而且别人根本就制造不出来，那么，顾客就会欣然接受中国元素。这时中国元素就会成为创造力的象征。

在罗昊看来，海外市场存在差异化挑战很正常，只要持续与海外各市场优质的本土合作伙伴加强协作关系，制定精准的市场策略和产品策略，共同努力为当地客户和民众提供优质的产品与服务体验，这种问题就可以得到妥善解决。

2023 年上半年，比亚迪累计销量突破 125 万辆，在全球新车销量排行榜中首次跻身前十。其中，在泰国、新加坡、哥伦比亚、哥斯达黎加获得 2023 年 1—11 月新能源汽车累计销量冠军。此外，比亚迪还在巴西连续 5 个月获得新能源销量总冠军，纯电车型更是包揽了销量榜前三名。

毋庸置疑，随着海外工厂的陆续落地，比亚迪的海外市场渗透率将进一步扩大。

中国自信： 布局欧日市场

继 2023 年 9 月份登陆慕尼黑车展后，比亚迪又于 10 月携五款新能源车型及核心技术亮相第 47 届东京车展。在业界素有"亚洲汽车风向标"之称的东京车展，是全球汽车厂商"秀肌肉"的梦想舞台。值得一提的是，比亚迪不仅是第一个参加东京车展的中国车企，而且是最早在素有"进口车杀手"之称的日本市场布局新能源汽车的中国车企。

日本和韩国这两个地区的汽车本土化率非常高，几乎看不到国外的汽车品牌，并且依旧是燃油车占绝对市场份额。数据显示，日本新能源汽车市占率不到 10%。

这就意味着日本的新能源汽车市场拥有广阔的前景，市场竞争不像中国那样充分。

基于此，比亚迪在 2022 年将"BYD ATTO3"（即国内的"元 PLUS"）和"海豚"两款车型作为先遣队送入日本市场。

比亚迪进入日本市场后，还发生了一个有趣的小插曲。日本最大的出版社，日经 BP 社购买了一辆比亚迪海豹，将车子完全拆解后，出版了一本书，叫《中国 BYD SEAL（海豹）彻底分解（全体编）》，在 2023 年 9 月 15 日发售，售价 88 万日元，折合人民币约 4.5 万元。再加上在线服务，售价高达 132 万日元，折合人民币近 7 万元。

比亚迪在海外的定位就是国内的 BBA，售价要比国内贵得多。比如"王朝"系列的"BYD ATTO3"（即国内的"元 Plus"），在海外定价为 30 多万元到 40 万元；"汉"和"唐"在拉美地区售价为 60 多万元，整体高于国内价格水平。

除去进口关税，比亚迪在海外的高价策略反映出公司对于自身品牌和技术的双重自信。

这种自信，来源于 20 年的技术积累，来源于 20 年对市场的探索，来源于上百万车主的认可和支持。

如今，比亚迪喊出"一路向前"的品牌精神，并不让人感觉夸大，倒像是比亚迪作为中国新能源汽车领军者必须肩负的责任。

黄合水认为，中国到目前为止，有自信的品牌还需要更多。所以，在当前的形势下，能够冲出国门的品牌，都会让中国人感到自信，也是中国自信的象征。在他看来，一个自主品牌的"中国自信"只需要具备一个核心要素，就是绝对的创新：做出别人当下还做不出的产品，帮助顾客解决别人当下还解决不了的问题。

罗昊表示，一直以来，比亚迪不断弘扬中国传统文化，从中国的传统文化里面汲取灵感。在汽车设计和命名中，比亚迪注重中国元素的运用，将古典美学与现代设计融合。比如，"汉"从中国传统文化中汲取设计灵感，新潮前卫的外观及大气豪华的内饰设计诠释了中国独特的传统美学，打造出极致的东方审美表达；"木兰荟""云辇"分别源自中国历史人物和帝王座驾的名称；高端品牌"仰望"的 logo 源自甲骨文的"电"字。

2023 年 8 月，比亚迪在 500 万辆新能源汽车下线的发布会现场外，有意展出了长安、上汽、吉利、长城、蔚来、小鹏等一众自主新能源汽车品牌，并在背景板印上"在一起，才是中国汽车"的字样。

或许在比亚迪看来，"中国自信"的另一个角度，指的是所有自主品牌应该具备的品牌精神，是一种向世界证明"中国智造"也是"高端智造"的底气和决心。

⬡ 品牌手记

中国智造凭什么一路向前？

打造一个世界级的自主汽车品牌，几乎是我国每一代汽车人的梦想。比亚迪在 2020 年的爆发，让整个中国汽车工业看到，弯道超车的理想在新能源汽车领域实现了。

在 2021 年，比亚迪将 LOGO 更新，践行"一路向前"的品牌精神。这是比亚迪发展到一定阶段后顺理成章的新方向，彰显出比亚迪对自身品牌的自信，更是对自身 20 年积累技术的自信，以及对整个中国汽车工业未来发展的自信。

中国智造凭什么一路向前？在笔者看来，作为品牌样本的比亚迪至少包含三个特质。

第一是长期主义。早在 20 年前，比亚迪就投身新能源汽车的研发。彼时可没有赛道的说法，这个领域也无人涉足，比亚迪仅凭借对未来汽车产业发展的判断，就全身心投入 20 年。

正是被这种长期主义的精神所感染，股神巴菲特的搭档查理·芒格曾称赞王传福为"爱迪生和韦尔奇的混合体"，意为王传福既表现出出色的发明和创新能力，又表现出高效的管理水平。在芒格的引荐下，巴菲特在 2008 年入股比亚迪，并创下 14 年赚 38 倍的投资佳话。

第二是精益求精。比亚迪对待技术创新十分严苛，不仅需要满足当下新产品的技术研发，还需要提前存储一批技术到"技术鱼池"，为日后做准备。从公司此前推出的纪录片《新长征路上的比亚迪》中可以看到，技术人员对待研发的认真态度，以及在出现难以解决的问题时，多部门配合作战的高效。

第三是自强不息。比亚迪在新能源汽车的研发历程中，也走过不少弯路。比如公司的核心技术——双模混动（DM），也曾因市场和技术本身的原因差点被放弃。不过最后还是坚持研发，并脚踏实地地把能用的技术路线都试了一遍。并且，比亚迪在 2019 年时遇到巨大困难，面临生死存亡之际，仍选择继续投入研发，金额还是当期净利润的 5 倍多。

2024 年，比亚迪销量将在 2023 年 302 万辆的基础上，保持 20% 以上的增长，稳居全球新能源汽车产销第一的位置。它代表中国智造有实力与其他外国品牌一较高下。

在新的发展阶段，面对更复杂的市场竞争环境，比亚迪意识到，中国汽车工业要携手共进，一起抢占海外市场份额。"在一起，才是中国汽车"，自主品牌们共同代表中国自信，下一步中国必将诞生出令人尊敬的世界品牌。

作者简介

黄宗彦，每日经济新闻资深记者、研究员。专注 ESG 和上市公司报道。擅长公司治理观察、上市公司时评、行业深度调查等。现负责每经 ESG 频道，主导策划并执行一系列 ESG 领域的重磅报道，作品曾多次获得央媒、地方政府转载。

恒者致远："科技美的"的夺冠之路

陈鹏丽

品牌档案

美的集团（SZ 000333）

品牌价值 2 911.08 亿元

2024 中国上市公司品牌价值榜 TOP16

2024 全球上市公司品牌价值榜 TOP85

2024 中国上市公司品牌价值海外榜 TOP4

2024 广东上市公司品牌价值榜 TOP3

2024 中国家电行业上市公司品牌价值榜 TOP1

（数据来源：每日经济新闻和清华大学经济管理学院中国企业研究中心联合发布 2024 中国上市公司品牌价值榜）

1968 年，何享健带领 23 位顺德北滘的居民，以 5 000 元初始资金创立美的。55 年之后，美的已经从当初"生产塑料瓶盖"的乡镇小作坊，发展成为一家集智能家居、新能源及工业技术、智能建筑科技、机器人与自动化、创新型业务五大板块于一体的全球化科技集团。

2022 年，美的集团（SZ 000333）的营收规模已达 3 457亿元，连续八年入选《财富》世界 500 强，业务覆盖 200 多个国家和地区，全球员工超 16 万名。

这 55 年里，"美的"品牌也经历了从无到有，再到强的过程。2023 年 7 月，英国品牌评估机构 Brand Finance 发布的"2023 全球科技品牌价值 100 强榜单"中，"美的"位列全球第 36 位，是中国少有的植根于制造业却能冲进榜单的科技品牌。回顾美的集团的发展，"科技"始终是贯穿美的成长的核心驱动力，也成了美的品牌的"底色"。

引子

在美的身上，有着无数个"第一"。中国第一家引进博士的乡镇企业、第一家完成股份制改造的乡镇企业、第一家由乡镇企业改造的上市公司、第一家完成管理层收购（MBO）的上市公司……

到 2023 年上半年，奥维云网数据显示，在家用空调、台式泛微波、台式烤箱、电暖器、电磁炉、电热水壶、电风扇 7 个品类中，美的系产品在国内线上与线下的市场份额均位列行业第一；美的中央空调的国内市场占有率也连续多年保持第一；家电产品出口连续数十年位居行业第一……

这些无数个"第一"背后，是美的的科研团队和技术实力在支撑。这么多年，美的翻过山、越过岭，坚定生长，带领着中国家电在全球市场崛起、追赶、强大。

今天的美的集团早已不止有家电业务，还在朝着"科技型跨国集团"的方向阔步迈进。家电主业，"美的系"品牌已经渗透到世界各个角落，市场份额逐步提升。此外，美的通过兼并收购、产业链延伸的方式培育了系列 To B 业务，"第二引擎"已经点燃。

"科技领先、用户直达、数智驱动、全球突破"是美的集团现四大核心战略主轴，美的集团董事长兼总裁方洪波曾这样形容四大核心战略之间的关系："科技领先"是"红花"，其余三个是"三片绿叶"。言下之意，"科技领先"是核心中的核心，这也是美的对外输出的最为鲜明的品牌形象。

工匠故事：将"科技"烙进品牌基因

2018 年，美的集团推出高端 AI 科技家电品牌"COLMO"。短短 5 年时间，COLMO 已经实现从 0 到 80 亿元规模的跨越，在高端家电市场站稳脚跟。通过培育属于自己的高端品牌，美的将"科技"烙入品牌基因。

对于做高端品牌，美的集团董事长兼总裁方洪波这样说："不是说你把产品强塞给高端目标群体，你就能卖得动。你需要有能打动他的东西——独特的技术含量，或者一些理性或感性的因素，你总有东西能够说服人家。"

科技"工匠" 走到台前

2015 年 4 月，美的选择到日本东京去发布首款使用鼎釜内胆的美的焖香 IH 全智能电饭煲，定价 2 999 元，面向中国高端市场。此举被行业人士评价为"美的对自身技术的自信"。一年后，2016 年 3 月底，美的集团又在佛山总部召开了一场"大国工匠，美的故事"的媒体公开日活动，邀请国内媒体和日本媒体前来美的，现场品鉴米饭。这场活动上，美的的科技"工匠"被推上台前。也是从那个时候开始，美的越来越多的科研人员、研发"天团"走进媒体视野。

2017 年，美的集团正式对外宣布要向"全球化科技集团"转型。当年 8 月，美的策划了一场以"跬步千里 创新以恒"为主题的"2017 M-Day 走进美的"媒体参访活动，对外深度分享了美的的创新突破。10 月，第 22 届科技月创享交流暨颁奖大会上，美的集团首次对媒体开放多个中央研究院实验室……当大量科研人物、"黑科技"产品见诸媒体，"科技"便逐渐渗入到"美的"的品牌形象当中。

每年 10—11 月举办的"科技月"活动，是美的集团对外传递"科技实力"的重要窗口。截至 2023 年，美的集团的"科技月"已连续举办 28 届。这是美的科研人员的年度盛会，为鼓励创新而设。近几年的"科技月"活动，美的都会精心挑选"科技明星"代表对外接受媒体采访，讲述他们的科研故事。

美的生活电器烹饪技术研究所负责人苏莹是美的集团 2022 年的"科技明星"之一。据她讲述，为了给消费者提供"一碗最香的好米饭"，美的从 2016 年开始，一直"死磕"米饭增香技术。

经过大量调研，美的发现，米饭香气是中国用户的第一需求，"煮饭不够香"是用户最主要的痛点。这里面涉及的原因是，国内消费者有储存习惯，而大米开袋后容易发生陈化。美的从 2016 年开始钻研米饭增香技术，但做这项研究并不容易。一方面，因为在 2016 年之前，国内外的电饭煲技术发展一直都围绕着加热技术在做不断的升级，整个行业都没有米饭香气的相关研究。另一方面，米饭香气成分非常复杂，高达上百种。它还很难做到让用户强感知，除非香气效果有非常大幅度的提升。

苏莹的团队经过对国内外上百种大米和上千个香气图谱的解析，终于发现并锁定了陈味关键物质，探明了它与脂肪酶活性的关系模型，首创了动态抑酶新风去陈技术，实现去陈率 90%。同时，她的团队还发现了 6 种对香味贡献大的杂环类和醛类物质。凭借这些发现，美的进一步首创了 131℃立体 IH 增香技术，让米饭整体香气提升 4 倍。

有了创新技术做支撑后，美的率先推出行业首款去陈增香饭煲，上市了 4 大香气系列、17 款产品，覆盖了各价位段。自上市以来，行业无类似竞品和专利出现，有效保障了技术的"第一"和"唯一"。

"要么第一，要么唯一"这也是美的多年来秉承的技术创新理念。大力宣传科技，是因为美的集团确实在科研实力和市场地位上走到了领先。截至 2023 年上半年，美的有 7 个品类产品的市场份额排在全国第一，包括家用空调、电饭煲等品类。多年来，美的持续保持对科技研发和科技人才的高投入。过去 5 年，美的集团投入研发资金超 500 亿元，2023 年超 130 亿元。截至目前，美的在全球 10 余个国家拥有 31 个研发中心和 40 个主要生产基地，研发人员超 2.2 万人，其中博士达 700 人。

据美国商业专利数据库（IFI Claims），美的集团以 64 895 件专利数（截至 2023 年 1 月 3 日）位居全球第 7 名、中国企业第 1 名。

培育属于自己的高端家电品牌

2018 年 10 月 19 日，美的集团在顺德总部隆重地举行了"50 周年庆典"。同时，美的还对外释放了一个重要信息——将要推出高端 AI 科技家电 COLMO。放在 50 周年庆上去宣布这件事，足以看出 COLMO 在美的集团下一个 50 年中的战略意义。

媒体都很清楚，COLMO 的诞生是美的集团一个重要的品牌动作。但与此同时，大家心里都不敢确定美的一定能把 COLMO 做成真正的高端品牌。因为，在 COLMO 之前，美的也有过高端品牌的试水，比如 2010 年的凡帝罗冰箱，还有后来的比佛利洗衣机。以至于后来，有记者在采访方洪波时，就 COLMO 品牌直接抛出一问："美的是否做好了准备完成这一跃？"

对此，方洪波的回答是："实际上，四五年前我们就在探讨这个问题。都是在尝试。（COLMO 品牌）也是经过漫长的积累，现在才推出来。高端品牌我们打的是组合拳。"回答简明扼要，没有透露过多信息，很是符合美的集团一贯的"作风"——事情没有做出来之前，少说、多做。

大家都忽略了的一点是：凡帝罗、比佛利都是细分品类的高端品牌；而 COLMO

是整个集团的高端品牌，它可以覆盖全品类产品，而且它是个"一把手"工程。2019 年 1 月，美的集团副总裁王建国向媒体透露，集团对 COLMO 非常重视，"预算不封顶，砸锅卖铁也要保障对高端品牌 COLMO 的投入"。他还强调，美的集团要把 50 年来积累的最好的东西拿出来支持 COLMO。

意大利，有着"奢侈品摇篮"之称，是全球拥有最多奢侈品牌的国家、时尚发源地。国内高端家电品牌也很喜欢从意大利中取名。"COLMO"在意大利语里正有着"攀登"的意思。在确定要做高端品牌这一重要战略后，美的集团与全球咨询公司一起探讨并确定了品牌的目标人群画像：全球 1% 超级个体。当时，内部认为，"攀登"这个词与目标群体的价值观相匹配，便最终确定了"COLMO"这个品牌名字。

2018 年 10 月 19 日，COLMO 将全球品牌首发放到欧洲的最高峰——勃朗峰上举行，选址相当别出心裁，为整个品牌奠定了高端定位和攀登精神。

美的深谙做高端品牌的挑战，也明白高端品牌是个系统工程。因此，自诞生开始，COLMO 就在集团内部拥有独立的高端生产专线、独立的工业设计团队，并获得了美的集团硅谷未来技术中心和意大利米兰设计中心的研发与技术支持。

据悉，美的集团任何一项突破性技术，COLMO 产品都会率先应用。比如，COLMO 开创性地将中央空调智慧屏升级为全屋智能新入口，引领高端家电进入全屋智能领域，这是行业内非常独特且具有前瞻性的一步；2023 年，COLMO 率先应用了集团自主研发的首个家居领域大模型"美言"，升级了以"家居大脑"为核心的全屋智能解决方案……

此外，美的集团为 COLMO 量身定制了高端生产线，支撑了品牌"精智造物"的核心价值。依托美的领先的智能制造水平与工业互联网"底座"，从供应商甄选、源头材料管控、全流程 AI 质检以及产线自动化的应用，COLMO 在高度数字化与柔性生产流程中获得了产品工艺的最优解，打造了高端智造顶层标准。

品牌推广上，COLMO 的团队通过新零售模式的建立和在品牌宣传上的另辟蹊径，快速形成与美的集团旗下其他品牌的定位区隔。

2019 年 5 月，来自 60 多所商学院的 3 000 多位 EMBA/MBA 精英用四天三夜的时间完成了连续探险和徒步 108 公里的极限考验，这是第十四届玄奘之路商学院戈壁挑战赛，而此次挑战赛的官方合作伙伴之一便是 COLMO，这也是 COLMO 连续第四年与该项挑战赛合作。2023 年 10 月，在品牌成立五周年之际溯源勃朗峰，COLMO 携手三项吉尼斯世界纪录创造者、环球探险家 Aleksander，发起了一场"百人攀登团 登顶勃朗峰"的攀登行动，向攀登精神致敬。COLMO 向全球"攀登者"征集了他们的"攀登故事"，并精选 100 个故事绑在木棒"启山杖"上，由 Aleksander 将其立于勃朗峰顶。

通过各类高端运动圈层活动与目标群体建立触点、进行沟通互动，这是 COLMO 塑造"攀登不止"品牌精神的路径之一。而 COLMO 品牌营销的另一条主线强调"文化价值定位"。为此，COLMO 曾联合先锋导演贾樟柯，合作电影式时代观察人物纪实节目《背后是中国·遇见 1%》；连续四年孵化品牌文化价值 IP 栏目《生活进化论》；携手梁文道、陈丹青对话百年包豪斯主义背后的美学变迁……

对于高品质人群，不光功能价值重要，提供情感价值和社会价值也很重要。这便是 COLMO 做品牌传播的核心逻辑。

从规模增长的速度来看，COLMO 是成功的。2019 年，COLMO 品牌收入才 1 亿元；2020—2022 年，COLMO 品牌收入分别为 10 亿元、42.6 亿元、80 亿元……成长速度可谓惊人。2023 年，COLMO 的整体收入还在稳步提升。

近两年，COLMO 还在加大力度实现销售渠道独立化，与美的体系品牌在销售渠道上进行严格区分，建立属于 COLMO 自己的高端渠道网络，通过智感体验馆和城市超级体验中心的场景化销售模式，触达更多目标高端用户，扩大市场阵地。

除了 COLMO，美的集团的高端品牌还有东芝。2016 年，美的成功收购了东芝家电 80.1% 的股权。近年来，东芝家电在中国的销售业绩逐年增长。这就是方洪波所说的"组合拳"。

家电航母：定义"精品"的夺冠之路

"品牌资产鼻祖"大卫·艾克（David A. Aaker）曾提出，品牌要素可以分为四个层面：产品层面、组织层面、人格层面和符号层面。他把"产品层面"放在首位，言下之意是，产品是品牌的物质载体，没有好产品就没有好品牌。

2022 年，美的"家电航母"的地位已经确立。据悉，美的现有主要家电品类 25 个，到 2023 年上半年，有 19 个品类的市场份额全渠道排进全国前三。

2020 年，美的空调业务规模快速提升。2022 年，美的暖通空调收入突破 1 500 亿元，逐渐拉大与竞争对手的差距。正如美的集团家用空调事业部创新中心主任李金波所说，美的空调这些年能够取得进步，主要原因就只有一个，那就是不断加大对产品、技术的开发力度，实现了高质量的发展。

家用空调全面领先

2010 年 10 月 29 日，顺德北滘镇的美的总部大楼异常热闹。彼时，大楼刚刚落成，美的在这里举办了一场盛大的庆典，庆祝美的产值超过千亿元。数万员工、成千合作伙伴，还有各地政府官员纷纷到场祝贺。现场大红气球悬空、彩带喷发，"圆千亿梦想，创世界美的"的大标语很是醒目。何享健在庆典上提出，美的要在 2015 年实现 2 000 亿元规模。这相当于是要用 5 年时间"再造一个美的"。目标提出后，美的各事业部新项目遍地开花，订单忙不过来。

看上去一派欣欣向荣，但何享健很快嗅到了危机，他找到方洪波说："感觉不对，可能要出事。"他们一分析，这么大量的订单都没钱赚，很多订单是亏损着在做。

2011 年 10 月的一天下午，时任美的电器董事长方洪波找上时任美的家用空调事业部总裁吴文新。方洪波拿出一张 A4 纸，在吴文新面前边说边画，待话讲完，纸已经画满。方洪波跟吴文新强调，要转型，只有做好的产品，美的才能改善盈利。这场对话之后，吴文新以及他的团队面临的第一个难题是："精品"该如何定义？

2011—2012 年，美的在内部启动了一次"壮士断腕"式转型，相继砍掉了 7 000 余个 SKU，聚焦白电，放弃低端无利产品，精简人员，组织再造……

当时，美的几乎对所有东西都"挥刀做减法"，但唯一没有减的是研发投入和品质整改费。吴文新后来接受《中国企业家》采访时透露，强调产品意识后，集团从原材料抓起，各大工厂安排工人 100% 筛选原料，剔除不良供应商，同时提高原材料质量标准。研发上，2010—2014 年，美的电器研发投入翻了近 5 倍，研发费用占比从 0.8% 提升至 2.82%。

对研发的重视让美的空调在 2011 年后涌现了很多行业领先、行业首创的技术。

2011年年底，美的一年一度的科技奖励大会上，一位年轻的工程师李金波备受瞩目。他凭借"变频空调舒适性研究"项目里的技术创新获得"重大科技创新奖励个人奖"，何享健为其颁奖。

多年之后，李金波已担任家用空调事业部创新中心主任，挑起美的空调技术创新"大梁"。其个人申请发明专利高达407项，获得国家、省及行业科技进步奖14项。

李金波接受每日经济新闻记者采访时对美的空调的关键创新技术如数家珍。2012年，美的空调首创"低至一晚1度电"ECO节能科技，可实现一个夜晚空调最低耗电量在1度电以内。这项技术的诞生当时在空调行业引起轰动，被称之为"空调节能史上重要的里程碑"。而"低至一晚1度电"涉及的节能技术，正是由李金波领衔的科研团队攻克的。

空调素有"耗电大户"之称，普通市民当时普遍认为空调"买得起、用不起"，美的"低至一晚1度电"技术足以让市场振奋。中怡康①的监测数据，2013年1—6月，高能效（一、二级）变频空调市场，美的空调以27.7%的销量占比位列所有品牌的第一位。同时在2013年1—6月高能效变频空调畅销排行榜上，美的ECO节能系列的尚弧（35KB）和悦弧（35LB）分别以14.44%和4.19%的销量占比高居一级和二级变频空调畅销型号榜首。

2014年，美的对外发布冷媒环散热技术。该项技术可以让空调在60℃高温天气下，稳定制冷。"这在变频空调行业里，也是非常大的一个事件。"李金波表示。

2015年，美的全行业率先推出"无风感"空调；2018年，美的在中国家电博览会（AWE）上发布"AIR空间站"，这是全球首台家庭"微气候"空气机；2023年年初，美的空调发布鲜净感空气机新品，开启空调行业3.0超集空气时代新篇章……"从最初的节能，到舒适，再到后面的健康，美的一直在空调行业里起到了非常好的技术引领作用。"李金波说。

财报显示，2012年，美的电器的"空调及零部件"业务规模为514.64亿元；到了2022年，美的集团暖通空调业务规模已达1 506.35亿元。10年间销售收入增长了2倍。2013年（集团整体上市）到2022年，公司毛利率从23.28%提升到25.67%。

2020年，美的暖通空调的销售规模跃居全行业首位，实现了全面领先。

---

① 中怡康是北方、中怡康时代市场研究有限公司的简称。中怡康长期专注于中国消费品市场零售研究，尤其是在家电领域建立了独一无二的权威性。

已抢占下一代技术先机

2023 年 11 月，美的集团低调地对外释放了一则消息——据欧睿调研，2022 年美的 R290 产品的全球总销量为 115.6 万套，R290 空调销量为世界第一。

这则消息在媒体端没有引起特别多关注，但美的自己深刻知道，这个"世界第一"对于他们来说，意义非凡。

R290 空调指采用 R290（丙烷）作为制冷剂的空调。相较于其他人工合成制冷剂，R290 是天然制冷剂，其节能环保优势非常明显。李金波告诉记者，美的早在 2009 年就启动了 R290 空调器产业化项目。2022 年 9 月 7 日，美的第一台 R290 新一级能效空调产品下线，这也是全球 R290 领域首台新一级能效量产产品。

R290 制冷剂拥有优良的热力性质、流动性能和循环性质，但其可燃可爆的劣势让它的商业化进程很慢。"美的在这里，（相当于）坐了十几年的'冷板凳'。"

李金波表示，R290 制冷剂可燃可爆、单位容积制冷量低，其换热流动速度非常快，阻力大。换而言之，使用 R290 制冷剂的话，空调从压缩机、换热器、电控-节流部件等所有核心零部件基本都要重新设计，这里面就涉及很多技术难点的攻关。把所有生产技术难点攻克后，还有成本、安装、售后服务等问题需要去考虑。这就是 R290 空调商业化进展慢的原因。

据李金波透露，美的目前拥有 11 条 R290 空调产线，并正筹划在广州南沙、湖北武汉建设 R290 空调产线。截至 2023 年 11 月底，美的累计销售 R290 空调 620 万套，其中中国市场大约 50 万套，其余在海外市场销售。

随着《蒙特利尔议定书》（基加利修正案）在全球生效，R290 成为世界公认的下一代空调制冷剂最佳选择之一，也是我国推荐的房间空调器的首选替代制冷剂。

未来，人工合成制冷剂将逐步被淘汰、禁用，美的在 R290 空调上积累的优势将让其在下一竞争阶段抢占到先机。

目前，美的拥有着最全面的 R290 制冷剂产品矩阵，覆盖分体、移动空调、除湿机、热泵热水机 4 个品类 83 个型号。

谈及未来美的空调的研发方向，李金波说，美的接下来将沿着绿色减碳、空气解决方案、智能家居这三个方向推进技术布局。2023 年 8 月，美的空调对外发布了全屋空气解决方案，宣布未来将从空调生产商向空气智慧解决方案提供商转型。

第二引擎：B 端业务的商业模式转变

2015 年 3 月，方洪波曾在中国家电博览会（AWE2015）上谈道："随着移动互联出现，家电的界限变得越来越模糊，以后谁是家电行业、谁不是家电行业，这个边界越来越模糊，会有很多新的思维、新的打法。"

美的集团找到的新打法就是：坚定点燃"第二引擎"，做大 to B 业务，施行 to C 与 to B 并重发展。目前，美的培育起来的 B 端业务主要有楼宇科技、自动化、新能源（包含新能源汽车零部件、储能）三大板块，2022 年美的 to B 业务收入规模已近900 亿元，2023 年继续保持高速增长。其中，楼宇科技事业部是美的集团商业模式转变的代表与"缩影"。

坚定转型，到更大的海洋遨游

多年之后再回头看，2020 年对美的集团来说，是具有"分水岭"意义的一年。疫情对制造业带来的冲击让美的集团明白一个道理：没有企业有护城河，美的没有东西可守。于是，"否定"与"重构"再次成为美的 2020 年的关键词。当年 8 月，美的集团宣布启动创业 50 多年以来"二次重要转型"——深化"全面数字化、全面智能化"。

作为美的集团核心业务板块之一，原美的中央空调事业部在 2020 年也变革不断。美的集团副总裁兼楼宇科技事业部总裁管金伟告诉每日经济新闻记者，2020 年美的集团内部提出要加强 to B 业务，他便主动找到方洪波商量："美的的中央空调业务，市场份额已经连续 9 年位居中国第一。参考欧美家电企业的发展历程，在主业做到一定规模后，他们都是往 to B 去转型。那美的中央空调事业部能不能也向楼宇科技一样，转向为用户提供楼宇整体解决方案？"

得到的答案是肯定的，这正是方洪波想要的转型方向。

2020 年 7 月，美的中央空调事业部启动战略调整，剥离 to C（家用中央空调）业务，专注 to B 业务（工程业务）；到了 11 月，美的中央空调事业部正式更名为暖通与楼宇事业部，随后确立"暖通及楼宇智慧生态集成解决方案引领者"的新发展愿景。

2020 年 12 月 11 日晚，美的集团"官宣"进军电梯业务，由美的暖通与楼宇事业部战略控股民族电梯品牌菱王电梯。

为什么是电梯？为什么是国产电梯？

管金伟向记者解释，第一，中央空调与电梯的客户其实是同一个，这两块业务在客户端是协同的。第二，想要抓住电梯"国产替代"的机遇。管金伟判断："十几年前，国内中央空调市场，中资和外资市场份额的比例是 3：7，今天已经反过来，成了 7：3。电梯行业也是一样，今天外资品牌占 70%，中国品牌占 30%，但我们认为，未来 5~10 年，电梯行业市场格局肯定会发生质的转变，中资品牌占 70%，外资品牌占 30%。我们希望抓住'国产替代'的趋势。"第三，中央空调和电梯是一栋楼里价值最高的设备，也是用户能直接感知到的设备，因此，美的想围绕电梯和中央空调去做楼宇科技业务。

2021 年 9 月，暖通与楼宇事业部正式升级为"美的楼宇科技事业部"，不到一年时间，二度改名。"第一次改名，是我们想迈出这一步，所以是'暖通+楼宇'。又过了大半年，我们觉得也不需要这样遮遮掩掩，直接叫'楼宇科技'。就相当于是把决心放得更大一点了，是彻底转型。"管金伟告诉记者。

美的楼宇科技国内营销公司总经理周星用一句话总结了事业部的转型逻辑："中央空调这个'池子'是有限的，但电梯市场整体规模是 2 000 亿元，加上后端服务 3 000 亿元的市场容量；智慧楼宇市场规模也高达 7 000 亿元。美的要到更大的'海洋'里遨游。"

坚定转型之后，美的楼宇科技事业部焕发新活力，基于暖通与电梯硬件业务，延伸出楼宇控制、能源管理以及 SaaS 服务等，打造了 iBUILDING 美的楼宇数字化平台，对外输出智慧建筑的软硬件综合解决方案，目标场景包括园区、工厂、医院、地产、交通等。2021 年至今，该事业部中央空调收入持续增长，电梯与楼宇控制业务也高速增长。

抓海外市场的机会

纵观全球楼宇控制相关领域，其他企业只涉足楼宇科技的部分业务，例如，大金只有暖通空调，东芝缺少 BMS，西门子和江森自控缺少电梯业务。只有美的拥有独立为楼宇及公共设施提供能源、暖通、电梯、楼宇控制等产品及全套解决方案的能力，这就是美的楼宇科技的竞争优势。从这个角度看，美的能够引领中国智能化建筑的国产替代进程。

对于美的楼宇科技事业部未来的增长潜力，管金伟告诉记者：首先，暖通空调业务板块的海外增长潜力肯定是巨大的；其次，电梯业务国内市场的增长空间也非常大；最后，全球绿色低碳的趋势会带动能源管理相关业务的快速增长。据了解，美的楼宇科技目前拥有碳中和办公园区、绿色工业园区、绿色医疗建筑、光储热柔等全场景低碳行业的楼宇全套解决方案。

以电梯业务为例，管金伟透露，2020 年美的刚收购菱王电梯时，电梯板块收入是 9.2 亿元，2023 年美的电梯板块收入预计可达 16 亿元。"跟我们收购时相比，业务规模虽然有很不错的增长，但整体金额还是较少。因为菱王是一个区域性的电梯公司，所以我们也在考虑怎么把电梯业务做大，包括更多的并购计划也在考虑中。"

管金伟坚定看好电梯行业"国产替代"机遇，"这是一个必然趋势"。"你看中国电梯行业，中国品牌大概 600 家，但普遍都是中小型企业，它们没有大的资本力量推动前行，美的可能是整个电梯行业唯一具备这样的能力去推动国产替代进程的企业。"管金伟坚信。

目前，楼宇科技事业部的中央空调及其他（含热泵）、电梯、楼宇控制三大业务的收入占比分别是 87%、12%、1%。

海外业务在目前楼宇科技事业部的收入中占比超 40%，主要是来源于中央空调和热泵业务。受益于欧洲能源危机，2022 年至今，楼宇科技以热泵储能为主的海外业务呈现快速增长的趋势。此外，美的集团并购而来的意大利中央空调品牌 CLIVET 于 2022 年再在意大利投建了新生产研发基地。

对于海外业务发展思路，管金伟表示，以暖通空调业务为例，欧洲地区，楼宇科技会以 CLIVET 品牌为主继续推进布局，遵循"欧洲研发、欧洲生产、欧洲销售"，即"Local for Local"的理念；东南亚地区，美的目前正在筹备在泰国建生产基地和研发中心，主要覆盖东南亚及美国市场；北美地区也在建售后服务中心。

数智之路：重构自己，点亮"他人"

2012 年，方洪波正式接棒何享健成为美的集团董事长后，在内部提出"一个美的、一个体系、一个标准"的变革决心，拉开美的集团数字化转型大幕。

在拥抱数字化的过程中，美的也迷茫过，但从来没有犹豫过，一直将数字化转型作为"一把手"工程推进。截至 2022 年，美的的数字化转型已进行 10 年，累计投入超过 170 亿元，这在中国制造业中是绝无仅有的。数字化转型给整个美的带来脱胎换骨的变化，不仅带来了内部效率提升、盈利改善，还让美的孵化出了创新型业务。可以说，没有数字化转型，就没有今天的美的。

全价值链重构带来的质变

用方洪波的话来说，美的集团始于 2012 年的数字化转型其实是被"逼"出来的。2012 年之前，美的集团的上市主体是美的电器。何享健在退休之前就有要将美的集团整体上市的计划。这个任务随着"交班"交到了方洪波手上。

要实现整体上市，方洪波首先要解决的问题是：如何打通各大事业部，如何集成所有信息系统，以保证整个集团一致性管理。所以，数字化成为必然的选择。

2012—2015 年，美的在内部用了近 3 年时间把"632"系统（6 大系统、3 大管理平台、2 大技术中台）落实到各个事业部，所有事业部都必须采用同样的运营系统、管理平台和技术平台，以确保一致性。这是美的集团数字化 1.0 阶段。

2013 年，移动互联网浪潮来袭。方洪波每天工作之余就是看书，看各种互联网、大数据相关书籍，目的是"搞懂互联网"，他觉得这事关美的转型新阶段策略的成败。他不光自己看，还要推荐给公司高管们看。

2015—2016 年，美的集团探索实行 C2M（定制化生产），实现了"以产定销"到"T+3 以销定产"的转型。美的将供应链分为集单（T）、备货（T+1）、生产（T+2）和物流（T+3）四个环节，将每个周期由七天缩短到三天以下，最终实现以销定产，减少订单交付时间，使供应链快速流转。比如，美的洗衣机的仓库面积在巅峰时期有 120 万平方米，实行"T+3"模式后逐渐缩减至 10 万平方米，基本上 3 天就能完成物流周转。

随后，美的集团还着眼渠道变革，推出面向经销商的美云销平台，实现网批模式，通过压缩渠道层级节省了中间环节的代理商加价，从而将利润让渡给厂商、终端经销商与消费者，先于竞争对手构建起强有力的渠道竞争力。

2018 年年初，美的集团以空调广州南沙智慧工厂为开端，开启工业互联网的尝试。随后逐步将南沙工厂经验复制到美的集团全国的 30 多家工厂中，将供应链、工厂、客户和用户连接到一起，用数据驱动业务模式变革。这是美的集团的数字化 2.0 阶段。

2020 年，美的集团对外提出要进一步深化"全面数字化、全面智能化"战略，进入数字化 3.0 阶段。美的集团副总裁兼 CIO（现任美的集团副总裁兼 CDO）张小懿接受媒体采访时表示："我们要把用户体验做好，把每个环节都做到极致，数字化转型就是用数字驱动，智能化最主要的是改造我们的产品，从原来主要卖硬件、家电的功能为主转化为用软件驱动硬件，再加上内容、服务的驱动模式，这是我们的数字化转型路径。"

2012—2022 年，美的集团在数字化转型领域投入的金额超过 170 亿元，换来的是这 10 年间，美的集团营业收入增长了 237%，净利润增长了 389%，资产总额从 877 亿元提升到 4 226 亿元。

2012 年，美的集团的现金周期是 26 天，但到了 2022 年，现金周期为 -2.5 天。这是什么概念？意味着美的集团做到 3 000 多亿元营收，没有动用一分钱的自有资金。这个指标就是数字化转型成效的最好印证。

"鸡再生蛋"： 美云智数逐渐壮大

直到今天，美的集团拥有 5 家"灯塔工厂"，是我国拥有"灯塔工厂"数量第二多的企业。以 2022 年入选的美的厨热顺德工厂为例，这个亚洲最大的洗碗机生产基地在"端到端"价值链中应用了人工智能、数字孪生和其他第四次工业革命技术，使单位生产成本降低 24%、交付时间缩短 41%、研发时间缩短 30%、缺陷率降低 51%。

此外，美的集团还拥有 15 家国家级绿色工厂、3 家零碳工厂、9 家国家级 5G 工厂。这些年，美的集团在完成"自我修炼"的同时，也逐渐孵化出了创新型业务——美云智数。

2018 年 10 月，美的集团对外发布工业互联网平台，随后迭代升级命名为美擎工业互联网平台（简称"美擎"），美的由此成为集自主开发，兼备"制造业知识、软件、硬件"三位一体，实力领先的工业互联网平台提供商。张小懿曾向媒体表示，现在美的除了 ERP 财务模块继续沿用原来的软件，其他所有软件都被自研模块代替。"现在我们实际上全部实现了智能化运作，一些功能软件突破了行业壁垒和国际大厂的垄断。"

美云智数是美的集团数字化经验中孵化出来的新型软件企业，也是美的工业互联网对外输出的载体。这些年，美云智数在解决美的数字化问题的同时，正形成"灯塔效应"，基于领先的业务解决方案，依托自主研发工业软件，持续对外输出服务，赋能中国制造业转型。

截至目前，美云智数目前已在汽车汽配、电子半导体、农牧食品、装备制造等50 多个细分行业广泛应用，累计服务 1 000 多家企业。

2020 年 9 月，美的集团发布公告称，为推动美云智数发展，充分调动公司及美云智数经营管理层及核心员工的积极性，稳定吸引人才，公司拟在美云智数实施多元化员工持股计划，此举当时被外界认为是在为美云智数的分拆上市铺路。2021 年 11 月，美云智数总裁金江向媒体表示，美云智数外部收入的占比已经超过 60%，因此美云智数未来不排除有分拆独立上市的可能。

除美云智数，美的集团现有创新型子公司还包括安得智联、美智光电、美的金融等，这些都是美的集团在商业模式变革中孵化出来的板块。2021 年美的集团还斥资23 亿元控股万东医疗（SH600055），这也是美的集团的创新型子公司之一。

这些子公司中，美智光电正在二度冲刺创业板；2023 年 7 月，美的集团宣布拟分拆子公司安得智联并在深交所主板上市。在 2021 年，安得智联的业务总规模就达118 亿元。

全球突破：科技护航，走好每一步

"不出海，就出局"这本是国内游戏行业广泛流传的一句话。到 2023 年下半年，这句话突然就火了起来，成为各行各业的一个"新口号"。中国制造业的下一战场在海外已成为共识。目前，美的在全球拥有约 200 家子公司，在海外设有 16 个研发中心和 21 个主要生产基地，拥有 24 个销售运营机构，海外销售占公司总销售的比例在40% 以上，产品已出口至全球超 200 个国家及地区。

"可怕" 的顺德人

1992 年，《经济日报》在头版"北人南行记"栏目刊发了一篇题为《"可怕"的顺德人》的文章，引起全国性关注和讨论。这个顺德人的精神标签从此广为传播、不断引用。顺德人的"可怕"之处在于：敢于改革创新、敢为天下先的性格特质。1983—1988 年，顺德天天放鞭炮、搞庆典，几乎每天都有企业开张。1987 年，顺德全县的工农业总产值达 38.8 亿元，财政收入达 2.36 亿元，居广东省县域经济之冠。作为全国最大的家电生产基地，顺德以全国万分之一的土地面积创出了全国 16% 的名牌产品，知名家电品牌不断涌现……

美的集团及其创始人何享健是"可怕"的顺德人的代表，他所创办的美的也早已走出顺德，走到全国，走向全球。2016 年，美的集团首次跻身《财富》世界 500强，成为中国第一个进入该榜单的家电企业。到 2023 年，美的集团已经连续 8 年上榜，最新排名是第 278 位。

20 世纪 80 年代初，美的就是广东省第一个拥有进出口权的企业，开启产品出口和 OEM 业务。2007 年，美的在越南投资建设第一个海外生产基地，标志着美的迈出全球化生产布局的第一步。2016 年，美的集团的全球化提速，采取兼并收购的方式快速做大海外市场规模。

2016 年，美的集团先后发起多起国际并购，收购东芝家电业务主体"东芝生活电器株式会社"80.1% 的股权，并获得 40 年东芝品牌全球授权及超过 5 000 项专利技术；发起全面要约收购库卡集团 94.55% 股权；收购意大利著名中央空调企业 CLIVET80% 的股权；接盘瑞典老牌家电巨头伊莱克斯拥有的著名吸尘器品牌 Eureka。2017 年1 月，美的还宣布完成对以色列高创公司（Servotronix）的收购，完善机器人产业平台布局。

2017 年，美的集团的海外营收首次突破千亿元大关；2022 年，美的集团实现海外营收 1 426.4 亿元。

从近两年美的集团海外布局的动作来看，美的 to B 业务也在加速部署海外市场。2022 年 10 月，美的楼宇科技在欧洲的意大利投资新建了生产研发基地；2023 年，美的工业技术旗下科陆电子美国储能公司正式揭牌。

2023 年下半年，美的集团基于深化全球战略布局的需要宣布要启动"A+H"上市，10 月底港交所披露了美的集团提交的上市申请书。招股书显示，本次港股募资主要用于全球科技研发；完善全球分销渠道和销售网络，提高自有品牌的海外销售。

用产品和科技征服世界

实际上，早在 2016 年，全球白电就进入了"中国时代"。欧睿信息咨询公司当年 5 月发布全球家电品牌排行榜，飞利浦以 5% 的市场份额位居全球家电行业第一，美的集团以 4.6% 的市场份额位列全球家电行业第二。

目前，美的集团在多个品类上拥有多项"全球领先"的技术储备，主导国际标准。比如，美的的微波炉产品连续多年全球销量领先，市场份额长期占 50% 以上。在微波炉领域，美的稳稳掌握了全球领先的微波炉关键零部件核心技术和制造能力。截至 2021 年 11 月，美的微波炉有 27 个专利项目被认定为国际领先、国际先进或国内领先。此外美的还主导制定了 IEC 60705《家用微波炉性能试验方法》，这是第一个由中国主导的微波炉国际标准。

在家用空调领域，2016 年美的空调就主导修订了 IEC 60335-2-40-2016《家用和类似用途电器-安全性-第 2-40 部分：电动热泵、空调器和去湿器的详细要求》这一国际标准；2021 年，美的空调凭借节能环保的前沿专利技术，成为家电界的第一份"碳中和"评价导则——《家用电器生命周期评价导则》团体标准的牵头起草单位之一。

中央空调领域，"M-Ai 全变频准二级压缩技术及其在多联机上的应用""超宽环温高温回水分布式集中采暖系统中喷液技术的应用""高效高可靠机电控一体化磁悬浮变频离心机组""环控系统全域全时协调寻优控制及全景智慧运维关键技术及应用"等多项技术达到国际领先水平。

相对于家用空调，中央空调的技术门槛更高。早些年，中央空调海内外市场份额均被外资厂商牢牢盘踞，中国厂商在相当长的一段时间里被压制得"动弹不得"。质变是从 2014 年开始发生的。2014 年，美的中央空调宣布为巴西世界杯 9 大比赛场馆提供中央空调设备，成为当届世界杯中央空调的唯一中国品牌；2015 年，美的再对外宣布中央空调成功中标 11 个欧洲青年奥运会场馆；同年美的成为唯一受邀参与奥运场馆制冷设备竞标的中国品牌，成功获得里约奥运会几乎所有场馆的中央空调项目；2017 年，美的中央空调成功中标 2018 年俄罗斯世界杯 7 个场馆的中央空调项目，成为中标场馆数量最多的民族中央空调品牌。此后，美的就成了全球体育赛事暖通专业户。

此外，美的中央空调 2014 年之后还频繁拿下海外多个机场工程项目、铁路项目以及文娱综合体项目等，市场份额逐渐攀升，在全球知名度也逐渐提高。

管金伟此前曾担任美的中央空调事业部副总经理兼海外营销公司总经理、美的国际总裁助理兼东盟区域总经理等职务，他见证了美的品牌在海外市场影响力的崛起。"我在 2008 年开始做海外营销公司总经理，那个时候，海外根本没有人听过美的（中央空调）。我们去中东，当时我去一家顾问公司的办公室，我拿着目录、PPT 去给人家讲解，别人理都不理，就说'中国产品不在我们考虑的范围内'。但是今天再去就完全不一样了。美的已经是一家世界 500 强公司，大家都知道它是中国很知名的企业。在过去的十几年里，（海外市场对美的中央空调的品牌认知）变化非常大，美的的行业地位、品牌认知度和口碑的提升是非常大的。"管金伟说。

2023 年 2 月，美国商业专利数据库（IFI Claims）发布 2022 年度全球 250 强专利领导者榜单，美的集团以 64 895 个有效专利族持有量排在全球第七名、中国企业第一名，美的已经成为一个真正意义上的全世界都可以看得见的企业和品牌。

🕮 品牌手记

唯坚定不移大力创新，才能让中国品牌走得更远、更稳

写完这篇文章，突然感觉对中国制造的明天充满了信心。这种信心来自我们的中国制造业企业，也来自勤勤恳恳、终日乾乾的中国企业家，来自一项项被科研人员攻坚的高端技术。

1985 年，美的靠着收购过来的一条国营企业二手生产线开始进军空调市场，第一台空调相当于"组装品"，完全没有技术含量。到今天，美的的技术专利持有量排名全球第七，超越了博世、西门子等全球名企。在分析一些政策或报告时，我们总会统计某些词汇的重复率，以此来判断这些词汇的重要性。据统计，

美的集团 2022 年年报里，"科技"一词出现 183 次、"智能"出现 200 次、"创新"出现 113 次……

科技与创新已经成为美的集团当前最核心的工作。也是因为创新，美的成为一家全世界都"看得见"的科技型集团，在全球多个产业领域拥有话语权。

时至今日，美的集团的 B 端业务收入占比已超过 30%。美的集团正朝着欧美跨国企业的发展路径走去，但又走得比他们更好、更稳，产业链也更丰富。从这个角度，我们确实没有理由对中国品牌不抱有信心。这些年，美的如同一个"善弈者"，始终灵活调整自己，抢跑在危机的前面，稳健前行。

今天的中国，在国际上"叫得响"的品牌，如华为、腾讯等，他们的品牌知名度无一不依靠科技支撑。唯有不遗余力地搞研发、坚定不移地做技术创新，品牌才能走得更远、更稳。

作者简介

陈鹏丽，10 年财经记者从业经验，专注家电上市公司及行业报道，擅长公司调查与财务分析。多篇上市公司深度调查报道震动监管机构；主导撰写的《攥紧"中国种子"》获中国经济新闻奖二等奖、四川省新闻奖一等奖。

引领篇

通威集团

中国飞鹤

通威密码：

企业家精神引领

"世界 500 强" 之路

胥帅

品牌档案

通威集团旗下通威股份（SH600438）

2024 中国上市公司品牌价值榜 TOP53

2024 中国上市公司品牌价值活力榜 TOP23

2024 中国电气设备行业上市公司品牌价值榜 TOP2

（数据来源：每日经济新闻和清华大学经济管理学院中国企业研究中心联合发布 2024 中国上市公司品牌价值榜）

通威的高纯晶硅产量连续多年位居全球第一，其国内市场占有率也超过30%。除此之外，通威的太阳能电池出货量持续多年全球第一。同时，在光伏这一具有周期性的行业，通威也屡屡做到参与环节的"第一"，而这个光伏领域的冠军在二十年前却从未见过一块电池片。

从眉山的一家小作坊到全球首家上榜"世界500强"的光伏企业，蝉联全球水产和光伏两大行业榜首，通威在水产饲料和光伏太阳能两大领域持续占据全球龙头地位。

每每在不熟悉的领域闯关，就像从A点到B点，寻常人会选择两个小时直达目的地，通威会用6小时走蜿蜒曲折的小路，固然艰辛，但能收获美景。艰辛是通威长期坚持品牌价值的一种表达，贯穿于通威40多年发展历程。通威植根于企业内部的企业家精神，也为更多中国企业品牌的崛起提供了样本价值。

引子

创业之时通威就是一个"创变者"，从无到有地创建了中国现代水产饲料行业，并在发展过程中不断变革；现在，其又推动了水产养殖与光伏发电一体化，使自己的事业整体协同起来，具备了更优、更强的综合竞争能力。

以"农业、新能源"为双主业，致力于打造"世界级安全食品供应商及世界级清洁能源运营商"，通威在其掌舵者——全国人大代表、全国工商联副主席、通威集团董事局主席刘汉元的带领下，缔造了全球领先的"双料冠军"。

2023 年，通威集团首次入选《财富》世界 500 强，成为全球光伏行业首家世界 500 强企业，实现了光伏行业零的突破。

通威品牌王道，是企业双产业发展的成长王道，也是充分彰显企业家精神的王道。人对美好生活的向往，以及追求创新的企业家精神，是人类经济发展的原动力。用科学的激励机制，将社会需求、企业目标与人性高度统一起来，企业发展就是一件水到渠成的事。

新生与跨界：养鱼与光伏都要冒险

规模化养鱼是"妄想吃汤圆"，做光伏却没见过"一片电池片"：通威每一次先于市场观念的尝试，都难免遇到外界的讥笑。

创新的观念必须要接受现实的拷问，这本就是企业家所要承受的压力。而关键在于压力之下的选择，这也是品牌成功需要具备的企业家精神之一——勇气。

敢为人先： 从网箱养鱼到"鱼饲料大王"

1983 年的春节，成都市场上猪肉只卖 0.99 元/斤，而鲤鱼却卖到了 12~13 元/斤。那是一个鱼肉价格比猪肉价格贵的年代，北方是过年吃顿饺子，南方是过年吃盘鱼。

那时候，"万元户"是人人艳羡的对象，而要想成为"万元户"，卖鱼是一条理想途径。池塘里的鱼充满了土腥气，但在相对的稀缺面前，它们变得十分金贵。

通威集团的创始人刘汉元，彼时年仅 18 岁，是一名被分配到眉山的渔场技术研究员。他对鱼的研究颇为讲究。养鱼不是一件难事，难的是怎么才能让四川人吃到新鲜的鱼？

他琢磨着水库是活水，而且水深，所以鱼没有土腥味。但问题是水库养鱼，不但生长速度慢，而且只能散养。要让四川人吃到新鲜鱼，水库养鱼就要突破量产的桎梏。

刘汉元反复尝试，发现网箱养鱼既不占耕地，也不与灌溉争水，大量量产就可以增加市场供给。但这是一条创新之路，也是一条艰难的路。不到 20 岁的刘汉元白天上班，晚上回家焊接网箱。1984 年 3 月，春暖花开，鱼儿生长的季节到了，刘汉元跑遍四川，东拼西凑买到第一批 185 公斤的鲤鱼苗投放到网箱中。每天迎着朝霞出门，直到晚霞红遍才回家。

至今，刘汉元仍是一脸感慨："就通威而言，最考验我们的是创业第一年，试验方案拿出来以后，征求了很多专家的意见，相当一部分专家表示担心，说你别把自己套进去了，甚至说，河沟里搞网箱养鱼，那不是妄想吃汤圆吗？当时我心情确实非常复杂。这只是第一个考验。还有一个考验就是在我们的试验过程中，鱼种投放下去不久，暴发了一场疾病，在当时是很难控制的。我翻完了所有的兽医学、药理学，包括人药、兽药、鱼药等有关书籍，还把凡是我们能够找到的资料都拿来分析、研究，然后借用相应药物来进行控制。这个过程中我心里是完全没底的，而且很有可能坚持不住，全军覆没。"

好在刘汉元没有放弃，最终克服考验实现了网箱养鱼，让四川人成功吃到了物美价廉的新鲜鱼。可以说是刘汉元所具备企业家精神促使他解决了当时养鱼难、吃鱼难的社会民生问题，曾经价格高不可攀的鱼，也能端上寻常百姓家的餐桌了。

市场经济初期，财富效应会刺激羡慕的人们争相模仿，"有样学样"让蓝海变红海。企业的竞争壁垒仿佛沙制的堡垒，似模似样的结构却架不住后人涌入。

尽管敏锐的企业家无法如经济学家那样阐述经济理论，但基于直觉之上的预判会让他们领先市场一步——产业链的雏形初现，刘汉元决定去做饲料。

最初的每一个进展都是刘汉元一步一个脚印摸索出来的：自己投入试验，全家上阵，用一台老式的绞肉机，严格按照自己当初养鱼时自制渔用饲料的营养配比，做出最早的"科力"牌饲料。

从用绞肉机的家庭作坊式生产，到买来 4 000 多块钱的机器，建起了占地 1.1 亩的挂牌小工厂，刘汉元的饲料厂成为当地最早的集约化渔用饲料专业工厂。后来，"科力"更名"通威"，意为：通力合作，威力无穷。

1997 年，这个刘汉元在自家门口建起来的饲料厂已发展成为全国最大的水产饲料生产地，年生产量超 600 万吨，在当时的市场占有率达 25%。

创新为王： 从北大博士论文到"光伏奇迹"

未进入光伏产业之前，健康安全的"通威"牌饲料和绿色生态的"通威鱼"，提前打通了中国食品安全问题的破解之道。从产品到供应链再到品牌，通威用企业家的眼光发现社会潜在需求，先人一步发掘商机。

奥地利学派的经济学家约瑟夫·熊彼特认为，企业家精神就是不断地冒险和发现新机会，将原来没有的生产要素和生产条件引入新组合体系，从而实现获得成功创新的额外奖励。

这种冒险不是"高大上"的宏伟叙事，而是细节的累积。通威农业发展有限公司胡旭晴的工龄已有 20 年之久，他回想起 20 年前的一个夜班。

"生产车间停电了，供电局的人已经下班，我想今天生产可能要停工。"胡旭晴看到刘汉元拿着一根长竹竿，后面跟着两个电工师傅，自己动手把电路修好。到现在，胡旭晴想起这一幕都感觉有点惊奇——"董事长亲自修电线。"

水产业和饲料业的成功是企业家精神的不断冒险，但接下来的预见却是跨行业的超前洞见——人类的新能源革命。这是人类几千年文明史具有重要意义的历史性革命。从狩猎文明到农耕文明，从农耕文明到化石能源文明，人类文明史的几次历史性革命都是间接利用太阳能。

企业家要把想象变成现实，需要一种改变他人信念、说服他人做自己所希望的事情的能力。比如，乔布斯就有这种强大的"现实扭曲场"，所以他创造了苹果手机，改变了手机产业的发展方向。通威和刘汉元所有的"现实扭曲场"，则体现在如何让人类第一次直接利用太阳能，完成能源革命天翻地覆的变化。

2002 年，煤炭石油这些传统的化石能源还处于生命周期的鼎盛期。谁高价拿下煤矿，谁就能占领报纸的头条。

那一年，刘汉元进入北大光华管理学院就读 EMBA，毕业以后连读北大经济学院 DBA 工商管理博士，其博士论文为《各种新能源比较研究与我国能源战略选择》。在这篇博士论文里，他把煤炭、石油、水能、风能、核能各个领域研究了个遍。最终得出结论："总之就是一句话：中国靠什么样的能源驱动，才能取得稳定持久的发展？光伏几乎是唯一选择。它是最短路径、最大储量、取之不尽用之不竭，且成本极其低廉的未来能源。"

2006 年，通威进入光伏领域，着手推进产业链重要原材料——高纯晶硅环节的战略布局，开启打造绿色农业、绿色能源双主业龙头的新篇章，随后业务逐渐延伸至太阳能电池、"渔光一体"电站、高效光伏组件，不断丰富垂直一体化产业链布局。一个完全陌生的新兴产业，作为一个完全没有制造业背景的农业企业，通威却异常坚定地进入具有风险且需要大投入的太阳能光伏制造行业。

"我们那个时候也想不清楚，人家都说搞饲料的去搞什么电池片，我们去（考察）的人连电池片都没有见过！"刘汉元拉长语调，他回忆起了 2013 年 9 月 10 日。这一天，通威要冒险，准备收购生产光伏电池片的合肥赛维。

在刘汉元看来，企业家是这个社会最重要的榜样之一，他在 2017 年全国"两会"上提交了一份提案，呼吁国家和社会重视"企业家精神"。他认为在一定程度上，企业家引导了物质文明的发展，甚至引导着社会精神的发展。"企业家精神"是这个社会最重要的精神资源之一，如果全社会都学习企业家的思维方式、文化理念、奋斗创新精神和奉献社会的正能量，社会一定会发展得更好。刘汉元正是基于这样的企业家精神才走到了今天。

如今，通威实现了高纯晶硅的"中国智造"，彻底改变了全球高纯晶硅行业竞争格局。在电池片的生产上，通威已是全球产能规模和出货量最大、盈利能力最强的企业。

可以说，这是通威创造的"光伏奇迹"，用不到 20 年时间，通威带领中国光伏产业在全球实现了全面超越和领先。如果中国完成了太阳能革命，就意味着全球 20% 的人口将进入绿色文明时代。

穿越光伏周期的"死亡之谷"

没有哪个产业会像光伏产业一样，繁荣时是极致黄金时代，衰退时是残酷铁锈时代。在光伏周期的"死亡之谷"，有太多太多企业家倒下。

刘汉元每每回忆起当时的情景，都倒吸一口冷气："行业竞争的惨烈程度可以想象，但这个行业最终迎来了黎明。见到晨曦的那刻，作为见证者和参与者，你感受到的是一种非常复杂的况味。"在中国西南地区，当年的光伏企业原本有十多家，最后几乎只有通威活了下来。"死亡之谷"是通威必须穿越的周期磨难。

战略定力： 风浪越大越要坚定掌舵

创新的未来不可预知，因为无中生有就注定需要走一条未曾开辟之路。路上，惰性、踌躇、畏惧、偏见等都会消耗人的热情，坚定地走完这条路需要强大的意志力支撑。

英特尔创始人安迪·格罗夫有一本自传，名叫《只有偏执狂才能生存》，这本书有一个关于"死亡之谷"（valley of death）的经典比喻。

"在两座烟雾弥漫的山头间，企业就像是必须同时攀登两座山巅的登山客。已经成功的企业，熟悉了一座山头，但必须向另一座山头奔去，途中指标未明、新山巅若隐若现，多久能到、如何能到皆无人能知。此时登山队伍往往就在双峰间的山谷出现激烈争执，有人要留守安逸与熟悉的旧地，有人偏要冒险向前，结果队伍分崩离析，最终命丧'死亡之谷'。"

穿越"死亡之谷"需要一个领导者，他必须坚定信念并有敢于行动的勇气。迷人的光伏产业迷雾重重，它为企业家们设下了一个个死亡之谷，这是通威必须穿越的周期磨难。

2000年，施正荣博士从澳大利亚回到国内，创办了中国光伏产业第一股尚德电力；2005年，彭小峰创立江西赛维LDK，完成当时在美国的最大规模IPO，如今的头部企业天合光能、隆基股份、晶科能源当时纷纷入局……那是光伏产业百花齐放的黄金时代。

表面繁荣迷人眼，黄金时代的外皮之下是行业周期危机。曾几何时，随着海外补贴政策退坡，国际光伏产业发展势头一落千丈，供远大于求。以多晶硅举例，2008年以前价格一度为 500 美元/千克。然而不到一年时间，多晶硅暴跌至 50 美元/千克、40 美元/千克，甚至跌破 30 美元/千克。2012 年第一季度，江西赛维、尚德电力、阿特斯等境外上市光伏企业全线亏损。到 2013 年，全球光伏上市企业市值蒸发 99%，产业链上破产的中国企业超过 350 家。

刘汉元每每回忆起当时的情景，都倒吸一口冷气："行业竞争的惨烈程度可以想象，但这个行业最终迎来了黎明。见到晨曦的那刻，作为见证者和参与者，你感受到的是一种非常复杂的况味。"

在中国西南地区，当年的光伏企业原本有十多家，最后几乎只有通威活了下来。

穿越之旅：从"三头在外"到"三头在内"

活下来的通威并没有退出，一边进军中游电池片，果断出手拿下合肥赛维，并迅速调试产线量产；另一边拆解硅料生产成本，拆成电力、金属硅、蒸汽、硅芯、人工、其他制造费用、折旧等，将降本做到极致，继续投产上游硅料。

一点点积累之下，通威着手技术创新突破行业壁垒。2008 年，通威改进传统"西门子生产法"，研制出"永祥生产法"，一举打破了国外技术封锁，并在其后数次进行技术改进升级，至今已迭代至第八代。这一战略定力让通威找到了穿越光伏行业"死亡之谷"的解法——将市场、原材料和核心技术的"三头在外"转为"三头在内"。

变局之中藏有新局，通威在行业的大风大浪中扛过了第一场压力测试。周期使然，循环反复，2018 年和 2020 年上半年，多晶硅价格两度下滑到周期的最低点，不少企业停止扩产甚至停止生产。但在这两次的行业低谷中，通威均选择逆向而行，果断扩产。面对复杂多变的市场环境和竞争压力，通威能够保持冷静和清醒，坚持自己的发展方向和目标，持之以恒，进无止境。

"死亡之谷"层峦叠嶂，价格周期之外还有技术路线的挑战。光伏的历史也是一段技术的历史，2005—2010 年，单晶硅电池、多晶硅电池和薄膜电池"三马竞争"，薄膜电池一度"一马当先"。

薄膜电池在 2009 年的市场占有率高达约 17%。曾经的中国首富李河君旗下的汉能集团在技术路线上选择了薄膜技术，且通过全球收购的方式，拿下了大量薄膜电池的专利技术。

然而通威依然坚持晶硅电池路线，相信晶硅路线是太阳能光伏发电和能源解决方案的最主要，甚至是唯一主要的能源来源。当时晶硅原材料价格大幅下降，加上电池技术有了突破，晶硅电池竞争优势凸显，晶硅路线逐步成为主流。通威也因坚持成为全球晶硅电池的巨头。

"门外汉"要进门内，这很不容易。2020 年 4 月，通威太阳能眉山基地一片荒芜，这里正准备进行第一个 210 电池车间的打造。这是国内第一次全国产化大装备、全行业第一次规模化批量生产 210 产品，这是通威的尝试，行业内没有案例参照，没有经验借鉴。

时任通威太阳能眉山基地电池一厂设备部经理王亚楠对此记忆颇深。"最开始那里没有食堂，周围什么也没有，我和部门 30 多名员工吃了将近 2 个月的盒饭。"王亚楠仍然能清晰记得当时的细节，不允许实际与设计之间有偏差，他在建厂初期基本每天要加班到凌晨才走出车间。这是一份十分精细的工作，眉山基地电池一厂东区连续 5 天频频出现皮带印问题，导致生产线无法开线，王亚楠要把皮带印控制 0.01% 以下，生产才能继续。

这背后的战略韧性是通威品牌经营的正道，也是可持续发展的正道。正因如此，通威才得以完成从光伏追赶者到引领者的身份转变。

抵御暴富诱惑：老老实实做光伏工匠

通威发展的历史里，身边出现过的暴富神话太多太多。但在短期赚快钱和长期赚慢钱之间，通威选择了后者。长期赚慢钱是一条荆棘满地的路。通威保持着冷静和清醒，老老实实做一个光伏工匠。但只有后者才是能活下来的核心竞争力。

长期主义： 做实业是一场马拉松比赛

稳健是通威的品牌特性，是一种智慧，是一种个性，是一种心态，是一种胸怀，是一种节奏，在经营活动中保持冷静和清醒，不盲目冒险或急功近利，稳中求进、稳中有变、稳中有为。

柯兹纳（Kirzner）曾评价企业家精神的一种特质，即警觉性。这种警觉性使企业家可以留意到环境中先前未被注意到的变化。这使得他们得以可能通过提供任何东西进行交换，从中得到比以前更多的回报。

这种警觉性首先要抵御暴富的诱惑。通威成长的过程，亦是中国逐渐走向开放的过程，"新"与"旧"之间不断碰撞酝酿着各种各样的可能。《激荡三十年》里有一句洞穿人性的描述：

"任何被视为奇迹的事物，往往都很难延续，因为它来自一个超越了常规的历程，身处其中的人们，因此而获得巨大利益的人们，每每不可能摆脱那些让他们终生难忘的际遇，他们相信那就是命运，他们总希望每次都能鸿运高照，每次都能侥幸胜出，最后，所有的光荣往往枯萎在自己的光环中。"

然而任何短期出现的神话，往往都是不可信的，越是无懈可击，往往越值得怀疑。

在 20 世纪 90 年代初的初级商品投机热潮中，"双轨制"是不均衡发展市场的制度真空，由此兴起的"倒爷"是投机型企业家的"温床"，也是创新企业家的"苦窑"。通威扎根在西部地区，老老实实做着鱼饲料的生意，没有参与投机。

20 世纪 90 年代中期，股市兴起，小小的一张股票意味着"一夜暴富"。通威并没有拿出创业的"第一桶金"，去玩炒股暴富的游戏。

2000 年代初期，层出不穷的"庄家"带来了新的玩法——虚构概念捣腾资本，在底部"播种"，在股价高位"收割"。已成为上市公司的通威冷眼观之，将精力投放在光伏国产化的技术突破。

2015 年的移动互联网以及并购重组带来了实体经济和金融市场的双重沸腾，实业做得好不如故事讲得好。通威反其道而行，靠降本增效度过多晶硅低谷。

2018 年，通威在思考如何度过光伏"5·31"政策带来的行业寒冬。

从房地产到互联网，从互联网到互联网+，从大数据到房地产，新名词潮水般涌向大众，但通威却对这一种转瞬即逝的新说"不"。通威一直在做最"苦"的行业——农业，以及有争议声的行业——光伏。

做实业是一场马拉松式的长跑比赛，刘汉元曾这样形容长跑比赛的"长期主义"："市场会逼你早上不能睡懒觉，晚上不能够早上床，你只有起早贪黑，只有比别人跑得更早、起得更早、跑得更快，你才能够活下去。"

长跑比赛最后会分出名次，奥运会分铜牌、银牌、金牌，你如果得了第四名，就只能自己回去做个铁牌，过段时间铁牌还可能会锈迹斑斑。长期主义的残酷性在于，在很多行业里，有很多拿银牌和铜牌的企业，更不要说大部分企业更像是陪跑的。

如果做不到行业领先，做不到行业的前三位，你在行业的投资可能大部分就会沉没。

行稳致远： 激情的理性与理性的激情

日复一日、年复一年地做实业，归根结底是为提高核心竞争力，这是拿下行业金牌的硬实力。企业核心竞争力的首要是先活下来，行稳方能致远。

品牌生命力的底层本能就是活下去。一个务实的长期主义者，面对同行在行业顶峰时的激进扩张，它首先要保持冷静和理性。在加码通威集团旗下四川永祥股份有限公司万吨多晶硅产能时，刘汉元最开始只投了十分之一的产能，一度"吝啬"到把十分之一的产能拆成两半，选择做800吨、200吨两条不同工艺的生产线。

冷静和理性贯穿于生活的每一秒，通威股份光伏商务部的采购人员朱杏善至今保持着一个习惯——家里和公司连轴转地看原料采购行情。"价格一天一个样，错过了低价，就要重新去谈价格，哪怕是一毛钱的差距，生产成本也会差出很多。"他把周星驰电影《功夫》的一句台词挂在嘴边：天下武功，唯快不破。因为只有"快准狠"，才能判断出市场的价格低位。

进军组件同样如此，通威并非冒进投入，而是有着长达十年之久的积淀。自2013年，通威股份并购合肥赛维起，即拥有部分组件产能，并在此基础上一直保持着研发推进和少量扩产，其中绝大部分是叠瓦组件产能。开路先锋的通威叠瓦组件在海外已有7年历史，产品的品质、性能已得到客户的验证。

只有理性扩张才能尽力避免"阴沟里翻船"。"什么样的事情、什么样的条件能够让你先做强、有能力做强。然后再去做大，这才可能有意义。"刘汉元强调，合理的速度和节奏是实体经济健康发展的要求，太快不一定能够夯实更好的基础，太慢可能缺乏优势和竞争能力。兼顾各种资源要素并严格控制，这是企业家必备的经济核算能力——核算投入各个要素的潜在回报率，甚至算好一毛钱的账。企业活下去，它所支配的资源才不会在市场竞争中被剥夺。

"秦朔朋友圈"发起人秦朔对刘汉元有一段点评："刘汉元是一个充满理性同时保持激情的企业家。他对事物都充满热情地关注、研究和投入，直追本源，形成系统性思考。激情的理性与理性的激情，合二为一，合为通威之道。"

正是长期主义者基于理性的激情，通威才能在水产和光伏太阳能两大领域，保持着全球龙头地位。因此，刘汉元是难能可贵的以实业报国的优秀企业家，以及传统产业的"创变者"。

他是一个"创变者"，从无到有地创建了中国现代水产饲料行业，并在发展过程中不断变革；他又推动了水产养殖与光伏发电一体化，使自己的事业整体协同起来，具备了更优、更强的综合竞争能力。

专业化的三问：做什么？怎么做？做多好？

通威旗下永祥新能源品管部副部长李剑波讲述了一段故事。2018 年 "5·31 光伏新政"出台之后，光伏市场行情急剧下降。面对严峻的市场行情，为了扭亏为盈，永祥硅材料提出了单晶降本工作计划。随后公司内部掀起了一场单晶降本的目标保卫战。

通威进入产业的每一环节，都坚持专业分工的底层逻辑，将成本和质量做到极致。

做什么： 一体化的联动发力

光伏和国内许多行业一样具有周期性，而出现周期的本质是供需错配。硅料、硅片、电池、组件各环节的现有产能、规划产能不一样，投资建设节奏、爬坡达产速度各不相同，叠加技术研发迭代进展也存在参差。

中国光伏产业经历了 20 年的大浪淘沙，在每一个周期规律的支配之下，最终形成了一条分工明确的强大供应链体系。从以前的"三头在外"到如今的"三头在内"，无论是上游多晶硅、中游电池片，还是下游组件，主要的市场份额都被中国企业牢牢占据。

这一转变的深层逻辑是专业分工，基于比较优势的策略是在所在环节形成竞争优势。古典经济学家李嘉图曾有这样一段精炼的比喻，奥兹捕鱼的时候越多，就越擅长捕鱼，捕捉每一条鱼所花的时间也越少。猎鹿人亚当制造的鱼钩越多，他就越擅长制造鱼钩，生产每枚鱼钩所花的时间也就越少。

在中国光伏产业发展的"1.0"阶段，各个企业在所处环节的经营就是"奥兹捕鱼"的过程。通威在2007年开始在多晶硅生产工艺和装置上不断进行优化、验证，到2023年的今天已先后进行8次技术升级。综合能耗由最初的每公斤180~200度，大幅降到如今的每公斤45度左右。随着技术不断创新，综合电耗、蒸汽消耗、硅粉消耗等生产指标持续下降，目前通威高纯晶硅的生产成本及技术达至全行业领先。

怎么做： 各自环节的专业分工

结果是在过程中拼出来的。

通威旗下永祥新能源品管部副部长李剑波讲述了一段故事。"5·31光伏新政"出台之后，光伏市场行情急剧下降。面对严峻的市场行情，为了扭亏为盈，永祥硅材料提出了单晶降本工作计划。随后公司内部掀起了一场单晶降本的目标保卫战。

由于生产现场存在一定限制，厂房高度有限，副室无法进行加高。想要在原厂房高度不变的前提下，增加晶棒拉制长度，从而达到增大投料量、提高产能这一目标基本不可能。李剑波和团队的伙伴们开始"五加二，白加黑"工作模式，经过近两个月反复论证才终于确定改造方案。然而化工行业不能擅自停火停产，所以新的难题是如何在不停产的状况下改造？

"后来在大家商议下，决定利用清炉的3小时时间进行改造，如果一次性不能改完，那就不全部改，先保障生产，等下次停炉，我们再利用这3小时进行改造。"他说，就这样，不间断利用每个"3小时"，在不耽搁生产的前提下，完成了24台单晶炉升级改造。

每一个环节都有改变行业生态的企业，比如，硅料环节的通威、硅片环节的隆基绿能、逆变器环节的阳光电源。通威深耕光伏行业多年，在高纯晶硅和太阳能电池两个环节建立起了非常深厚的竞争优势，是全球高纯晶硅及太阳能电池环节的龙头企业。

对各自环节进行专业分工是刘汉元赞赏和推崇的一种方式："把熟悉的专业做精做强，然后再适当做大。把你做精做专做强的和别人进行产业链对接，是我们一再倡导的行业生态和分工理论在产业中的实践。"

他在接受采访时曾有一段深刻的感悟："一两百年来的工业革命，已经一次次证明，分工才能做得更专、更精、更强，分工才能使行业进步得更快。每个环节都做，可能会失去对市场的参与和把握，凡是干得越大的都越平庸。很多时候，看到别人的路，一般都是闪光和走红地毯的时候，而不是别人走泥泞路、黑暗路的时候。当看到别人走红地毯时，就觉得那条路阳光明媚，很多人稍不注意就会忍不住，想冲到那条路上去。在这个时候，就更要懂得平衡红地毯、聚光灯和黑暗处的内外差异，从而理性、冷静地选择有所为、有所不为。"

做多好： 更加立体的"后发优势"

光伏企业一直遵循斯密的分工理论，认为更高的专业化程度更能提高生产效率，降低成本。然而分工的极限却受边界约束——分工模式的边际效用低于自产自供，毕竟，市场不是新古典经济学所假定的"完美市场"——依据供求定律和边际定律等，通过价格和数量使得一定时间内的市场可以保持供需平衡。光伏市场的全产业链并不是按照"1∶1∶1∶1"等比排列，不对称信息差与企业家的出现必然导致内部供需的震荡波动。

将光伏的不同环节放到科斯的经济理论中去分析，可以认为当企业一体化内部的组织成本等于它在市场的交易成本时，它处于最优规模边界。这一恒等式并非一个数字公式，而是企业家刻于心中的价值评估。

2022 年 11 月开始，单晶致密料价格在三个月时间内从高点 30.60 万元/吨降至一年后的 17.62 万元/吨，跌幅高达 42.4%。"黄金硅料"的周期破灭，通威却在此之前画出了价值等式，用一体化去消解优势环节在市场中的转变。通威决定做组件。这是用一体化去进行全产业链布局，对于企业管理能力、资金实力、经营规模等要求更高，但也有利于企业规避单环节的周期波动，实现多环节技术与市场上下游的协同。

通威股份 2023 年第三季报的财务数据见到了一体化的结果。进入 2023 年第二季度后，上游产业链价格进一步下降，硅料、硅片单位盈利随即继续降低，而下游电池片、组件环节盈利则保持稳定，所以硅料端价格的大幅下降没有对通威盈利能力造成重创的核心原因之一是电池、组件环节起到了明显对冲作用。

一体化并未改变通威专注分工的企业基因，前者甚至是后者的结果。由于上游的硅料和中游电池片杰出的品控能力，组件同样收获品牌溢价。通威组件产品良率、单线产出等核心生产指标，均达到行业领先水平。当前，通威组件已在合肥、盐城、金堂、南通建设生产基地，2023年公司组件出货量已达到32GW，进入全球组件前五。

硅料、电池片、组件"三项向内"，通威的一体化成为更加立体的"后发优势"。一方面凭借巨大的规模优势，分摊到单位产量的成本越来越低，完全符合光伏产业降本增效的深层逻辑。另一方面，垂直一体化构筑的品牌壁垒越来越高，大大提高了行业内的准入曲线。

如若不能在多个环节均占有比较优势，很难同一体化企业竞争。

光伏整体论：一荣俱荣，一损俱损

工业化进程带来的二氧化碳排放，是全人类要共同承担的后果，必须找出一种新的清洁能源形式和经济增长点，从而带动世界经济发展，并替代旧的不可再生能源。这就需要从理性的角度共同努力去参与推动。

从经济学角度上看，今天在光伏产业所做的努力会对整个自由贸易经济和全球经济一体化的复苏产生影响。就此而言，新能源是拉动经济增长的重要力量。

行业担当： 扎根于市场， 共生共赢

无论是基于企业与企业家本身的定义及价值理解，还是从中国企业家群体的实践探索来看，抑或按照德鲁克对于企业家与创新精神的界定，创新似乎只与产品有关。

但做出一件精美的产品，并非企业的精神内核。真正的创新是使命感与责任感一起驱动的。当重大历史机遇出现的时候，只有那些勇于接受挑战和担当，朝前跨出一步的人，方可抓住机遇。

创新意味着品牌的自我颠覆，通威也在颠覆自己。在2022年6月SNEC展会（注：各国太阳能行业协会联合主办的行业展览）前的一晚，通威太阳能眉山基地研

发部的苏荣已在实验室连续工作 30 多个小时。苏荣从事太阳能研发超 10 年，拥有 100 多项授权专利，但新兴的钙钛矿电池的研发过程依然非常艰难。

只为了探索 PERC 电池（注：发射极钝化和背面接触电池）叠加钙钛矿的叠层电池结构设计，研发团队就经历了 100 多次反复试验。要知道通威对 PERC 电池的技术再熟悉不过。实验进展不顺，苏荣感到煎熬。但最终历时三个月，经过几百上千次反复验证后，苏荣及研发团队终于成功研发出大面积、高效率、具备多重优势的钙钛矿晶硅叠层电池片。

通威深深扎根于市场，以其热爱和担当，不断拓宽视野、格局和胸怀。

十余年前，中国光伏产业发展"三头在外"：关键原材料在外、关键技术在外、90% 以上的市场在外；十余年后，中国高纯晶硅产量全球第一，占到全球产量的 90% 以上，电池、组件产量也占全球产量的 80% 以上，核心设备几乎全部实现国产化。麦肯锡的研究报告把中国和美国在全球有领先地位、有竞争力的各项产业进行了比较，做了饼状分析图。光伏是中国绝对领先的产业，是中美之间唯一一个顶满饼图外框的产业。

然而光伏产业的发展过程却跌宕起伏，经历了种种磨砺和考验。古人张拟曾在《棋经》中说："善胜者不争，善阵者不战；善战者不败，善败者不乱。"哪怕困顿于眼前，也对未来充满期望。

通威愿意站在更高的维度承担行业的责任。2008 年金融危机后，欧美联手"双反"，遏制中国光伏行业崛起。刘汉元多次受邀参加央视《对话》节目，屡屡为中国光伏企业呐喊。

早在 2012 年，刘汉元在节目提起，硅料、硅片、电池片到组件这个过程都是国外"双反"的内容，在目前中国技术、原材料和设备问题基本解决的情况下，政府和社会如何推动终端的运用非常关键。当时，他呼吁社会同行要对光伏持有更长远的眼光，要持有能源变革的理念。

他断定，中国光伏产业上一轮的神话只是序幕，真正的神话在未来，行业的发展才刚刚开始。

中国力量： 以能源转型推动经济发展

从经济学角度上看，今天中国在光伏产业所做的努力会对整个自由贸易经济和全球经济一体化的复苏产生影响。就此而言，新能源是拉动经济增长的重要力量。

他意志坚定，信念不变，认为我国想要根治雾霾问题和环境问题，一定不仅仅是追赶欧美日韩的排放标准控制，而是真正要实现50亿吨煤炭生产的减少或者根本消除，以及柴油汽油生产的大量减少。因此，能源消费电力化、汽车电动化、电力生产清洁化几乎是解决我们国家经济转型、能源转型、环境和资源不可持续问题的唯一出路。

通威一直强调专业化分工和对专业化合作伙伴的重视，并一直倡导行业有效分工协作，使客户之间、友商之间能够有所长、有所选择，在自己所精所强的方面做大，在别人所专所精的地方有效配合，理性地适当控制，营造"有所为、有所不为；你为我好、我为你好"的商业生态，推动行业持续、健康、良性发展，为世界能源转型、人类可持续发展贡献更多中国力量。

世界新能源革命趋势明显，而全球光伏太阳能发展速度最快、产业和应用规模最大的国家，是中国。我国光伏新增装机容量自2013年起连续10年全球第一。按照国家能源局颁布的战略规划，2030年我国要实现非化石能源发电占总发电量的50%以上。光伏太阳能已成为中国最具国际竞争优势的战略性新兴产业之一，需要一张代表中国光伏产业的世界品牌名片。

这是通威的使命，也是通威正在达成的目标。

📑 品牌手记

中国光伏的一张世界名片

世界各地的科学家敲响了警钟，警告我们地球气温正在以惊人的速度上升，突破2℃警戒线。联合国秘书长安东尼奥·古特雷斯在一份严峻的声明中表示，21世纪地球将面临"地狱级"的气候变暖。

这是人类历史上前所未有的挑战！

人类和化石能源告别的紧迫性已经刻不容缓，能源革命可以说是人类第四次工业革命。这次工业革命之后，雾霾将会消失，地球大气污染和温室效应将会消失，蓝天白云和青山绿水将真正触手可及，全世界包括中国的经济发展方式和文明形式将彻底改变，人类文明发展将变得更加可持续。

中国已经是光伏产业的最大力量贡献者，能源革命需要中国光伏这张世界品牌名片。打造这张名片离不开每一个光伏行业的领跑者、参与者与见证者。

2023 年，通威集团首次入选《财富》世界 500 强，成为全球光伏行业首家世界 500 强企业，实现了光伏行业零的突破。世界品牌实验室发布 2023 年《中国 500 最具价值品牌》榜单，通威品牌价值达到 2 013.76 亿元，继续蝉联全球水产和光伏两大行业榜首。通威在水产和光伏太阳能两大领域保持着全球龙头地位。

精准把握时代机遇，自始至终坚守品牌价值，企业家精神已经融入通威的血液。通威 40 多年的发展历程，为更多中国品牌的崛起提供了样本价值。

人对美好生活的向往，以及追求创新的企业家精神，是经济发展的原动力，用科学的激励机制，将社会需求、企业目标与人性高度统一起来，企业发展就是一件水到渠成的事。通威集团以此为核心的品牌思想体系，值得企业经营者研究和借鉴。

作者简介

胥帅，每日经济新闻高级记者。从事媒体工作十余年，重点关注新能源产业链和上市公司造假。曾调查出易见股份百亿资金占用、德威新材实际控制人财务造假等诸多案例，作品曾获中国经济新闻奖、四川新闻奖、成都新闻奖等。

创新之翼：

中国飞鹤品牌升级的

"三大密码"

付克友

品牌档案

中国飞鹤（HK 06186）

品牌价值 209.13 亿元

2024 中国上市公司品牌价值榜 TOP200

2024 中国食品行业上市公司品牌价值榜 TOP4

（数据来源：每日经济新闻和清华大学经济管理学院中国企业研究中心联合发布 2024 中国上市公司品牌价值榜）

中国乳品品牌的发展史，就是一部民族工业的发展史。飞鹤婴幼儿配方奶粉品牌是这一发展史的亲历者和见证者。

由艰难创业到稳健成长再到行业龙头，如今的飞鹤奶粉市场占有率超过 20%，稳居市场第一，年营收额超过 200 亿元，连续 4 年入选中国制造业企业 500 强。这背后有市场跌宕的危机、有技术突破的煎熬、有产业链构建的艰辛、有质量坚守的收获。

可以说，初心铸就飞鹤的品牌之魂，品质铸就飞鹤的品牌之基，科技铸就飞鹤的品牌之势。而自始至终，创新都是推动飞鹤品牌升级的核心动力。创新的精神，其实就是飞鹤的品牌之初心，就是飞鹤的品牌之根基，也是飞鹤的品牌起飞之源动力。

引子

"坚决把中国人的奶瓶掌握在中国人手里，让中国宝宝喝上更适合他们体质的好奶粉。"这是飞鹤集团员工耳熟能详的一句话，因为这是董事长冷友斌经常挂在嘴上的一句话。

在冷友斌看来，飞鹤是一家企业，更是一项事业，是孩子的事业，未来的事业。他相信，中国乳业需要朝着一个明确的方向探索，那就是更接近中国母乳，做更适合中国宝宝体质的奶粉。

根据世界卫生组织的研究，生命早期 1 000 天是一个人生长发育的"机遇窗口期"，超过 80% 的大脑发育在这一阶段完成。这 1 000 天，当然也是婴幼儿奶粉品牌的"窗口期"。脑发育研究因此具有了特殊意义和重大价值。因为它关乎国家未来发展和国际竞争力。

这是飞鹤作为行业引领者需要具备的担当——拓展国际视野，增强创新能力和核心竞争力，去做具有全球竞争力的世界一流企业。

很多年前，冷友斌开始实施做大做强飞鹤的战略，就把"增强创新能力"作为飞鹤开启新征程的一把钥匙。

这也是一把开启飞鹤品牌升级之路的钥匙。

初心为魂

2023 年 6 月 17 日—18 日，中国国家话剧院出品的现实主义题材大戏《初生》在北京正式公演。

这是飞鹤的品牌故事。该剧通过"纪实采访"这一创新性的舞台形式，串联起中国飞鹤乳业 60 余年的发展历程：如何从东北县城，一步步走向全国、走向世界，成为具有全球影响力的乳品企业。媒体评价，这是一部奋斗史诗，是"制造大国向品牌强国跃迁"的一个缩影，生动诠释了爱国、实干、梦想、创新的中国企业家精神。

飞鹤的诞生与二次创业

冷友斌生在北大荒。他一直认为，飞鹤的企业精神和品牌精神就是北大荒精神。

几代拓荒人在那里战天斗地、前赴后继、百折不挠，冷友斌将北大荒精神总结为"艰苦奋斗、勇于开拓、顾全大局、无私奉献"。

1947 年，黑龙江农垦赵光农场建立，这是全国第一个国营机械化农场，也是飞鹤的出发点和第一批飞鹤创业者生于斯、长于斯的家园。1962 年，赵光农场成立了乳品厂，赵光乳品厂成为国内最早生产奶粉的企业之一。

时间来到 1979 年，改革开放的春风吹到了东北大地。这一年冷友斌的记忆里发生了两件大事：一是中国恢复了商标的统一注册。仅仅一年的时间，注册商标就有45 000 件。二是黑龙江省齐齐哈尔扎龙自然保护区获批。

两件并不相关的平行事件，却催生了一个奶粉品牌，那就是"飞鹤"。1984 年飞鹤商标成功注册，商标所有权归属赵光乳品厂。鹤，干净、高洁，在中国文化中有崇高的地位，是"吉祥、长寿、幸福、忠贞"的象征。而丹顶鹤就栖息繁衍在北纬 47度的黄金奶源带，世界三大自然黑土带之一——东北松嫩平原。

这是冷友斌对品牌的第一次印象，毕竟商标是品牌的核心资产之一。只是他对于品牌的重要性，以及"黄金奶源带"对飞鹤品牌的重要性，还有待时间去深化。何况，赵光乳品厂的作坊生产工艺很原始，离所谓的品牌内涵还很遥远。

"有多原始呢？从奶户那儿收了奶后，用一口大锅把牛奶里的水分熬出去，熬成糊，晒干成块儿，然后拿擀面杖，把奶块儿碾碎成粉末，再用筛子反复筛，就是奶粉了，用黄纸一包就拿到市场上卖了。"冷友斌回忆。

整个农场系统缺少乳业人才，长此以往，肯定是行不通的。于是，赵光农场选送了 34 位年轻人，到上海轻工业高等专科学校学习食品工程专业。冷友斌是 34 位年轻人中的一位，毕业那年才 22 岁。

一次机遇就足以改变一个人的命运。正是这次学习，让冷友斌坚定了对奶粉事业的执着和热爱，也看到了乳品行业未来的市场前景，从此，也认定了毕生追求的事业。

冷友斌回到农场，从质检员做起，一直做到厂长。直到 2001 年，农垦总局整合旗下 43 家乳企，将赵光乳品厂并入完达山，取消飞鹤品牌，资产划归完达山集团所有。

消息一出，对飞鹤品牌难以割舍感情的一群人聚在一起，伤感、失落、唏嘘。32岁的冷友斌突然喊出一嗓子："要搏一把的跟我走！"此言一出，响应者众。赵光乳品厂 100 多人决定放弃安逸，以"博一次"的悲壮，带着飞鹤品牌自立门户。

"品牌给你，能不能把债务也接了？"这是开出的条件。

于是，这一年，背负 1 400 万元的债务，黑龙江飞鹤乳业有限公司正式成立，民营飞鹤诞生。"二次创业"的举动，在当地轰动一时，成为国家级贫困县年轻人创业的励志故事。

"飞鹤"品牌是冷友斌离开赵光农场创业时带走的唯一资产。"我们主要是冲着这个品牌，因为这个品牌有历史，历史凝结起来，就是品牌的文化。"这是冷友斌今天的总结。

当时的他并没有想到，这个品牌会伴随他一生，成为中国婴幼儿的口粮，甚至成为中国奶粉第一品牌。

从被收购到反攻国际市场

2001 年是一个值得纪念的年份，因为当年 12 月 11 日，中国正式加入世界贸易组织（WTO），成为其第 143 个成员。

WTO 给中国经济快速发展提供了平台，世界的大门向中国敞开，向中国企业敞开。中国的品牌，有更多的机会站上国际舞台。

飞鹤在这一年二次创业，可谓天时地利人和。这是时代的机遇，飞鹤踏上了发展的快车道。

2002 年，冷友斌决定把企业总部迁到北京。当时选的办公室，隔壁就是一家世界级乳企的中国总部，他期待飞鹤对标世界级企业。更大的视野，也带来了更高的目标。

一切似乎都在朝着这个远大目标迈进。但天有不测风云，2008 年"三聚氰胺"事件发生，中国乳业遭遇毁灭性打击。尽管飞鹤是为数不多的没有检出三聚氰胺的"幸存者"，但是中国品牌受到的连带效应持续不减，甚至愈演愈烈。

"那会儿我们把所有的资金全部都投入到了市场竞争。但是没想外资奶粉趁机抢占市场，完全打不过啊！"冷友斌回忆说，"消费者根本不相信国产奶粉品牌。"

所以国产奶粉只能打价格战。"我们打了一年价格战，就打不起了。"冷友斌说，

"没办法，我们只能退回来，退回到长江以北，退回到黄河以北。"

飞鹤的处境越来越艰难。2014 年，有外企找到冷友斌，开价 48 亿元收购飞鹤，包括所有的工厂和牧场。冷友斌又到了彻夜难眠的时候。卖还是不卖？这是一个艰难的抉择。

卖，市场形势使然，何必要硬撑。48 亿元啊，这是一个足够诱惑的价格。对于冷友斌来说，卖掉飞鹤，就意味着财富自由。但这是钱的事儿吗？

"这是个事业。"在冷友斌看来，一辈子能干好一件事就不容易。而他能干好的事情就是做奶粉，即便卖掉之后，也还是去干奶粉。

当时，飞鹤占全国奶粉市场的将近十分之一，一旦飞鹤接受收购，那么外资乳企将直接占领奶粉行业 90% 以上的市场份额。同时，飞鹤的市场、技术，甚至包括科研数据，都得交给外资。

最后，这个东北汉子和他的团队做出决定，不卖！不仅不卖了，而且还要反攻国际市场！要做世界一流，就必须出国发展。

事实上，飞鹤从 2005 年开始，就在全球选址，直到 2016 年，决定在加拿大金斯顿市建厂。投资金额达到 3.32 亿加元，是这个城市有史以来最大的经济项目之一。

这又是一场硬仗，它考验高瞻远瞩的魄力和持之以恒的耐力。奶源问题、政策问题、行业标准问题……一块块的硬骨头，硬是被飞鹤啃了下来。关键是，加拿大乳制品供应机制对牛羊奶质量的把控，是契合飞鹤要求的。

2016 年年底，飞鹤和加拿大政府签约，2017 年 6 月开工。从零开始，一个最新、最现代化的奶粉生产工厂，在加拿大拔地而起。

"中国品牌走向世界，成为世界优质品牌，是高质量发展的内在要求。"冷友斌说，"只有走出去，在他眼前干了，他才了解你，才能改变固有的观念。要不然他就总对咱们品牌有误解。"

开行业先河打造全产业集群

走向世界，对于飞鹤来说，其实不是梦想，而是一直在行动，而且很早就在行动。

2003 年，飞鹤在美国纳斯达克创业板挂牌上市，2005 年成功转到纽交所中小板，2009 年转至纽交所主板，直到 2013 年完成私有化并退市。

当然，后来的故事是回到港股。2019 年 11 月 13 日中国飞鹤（HK06186）正式在港交所挂牌交易，成为港交所历史上首发市值最大的乳品企业。

美国上市的经历，虽然以退市结束，但是获得了宝贵的国际化运营经验及研发经验，包括为飞鹤提供了国际标准的基础设施，先进的乳品产线及加工工艺，严格的质量监控体系，以及多年从事乳品营养研究的专家们的技术指导。更重要的是，获得了国际化的视野和眼光。

2006 年前后，冷友斌跑遍美国、加拿大、澳大利亚、新西兰、巴西等地牧场调研，看明白国外大型乳企以牧场奶为主要模式，从奶牛育种、饲喂、挤奶到防疫的整套环节都由企业规范化管理。

当时，国内奶粉企业的奶源模式，普遍是农户收奶和集中榨奶，奶源不可控是最突出的问题。冷友斌深刻意识到这个问题，下决心要建万头牧场，自建奶源，自控奶源，并打造全产业集群。

但在公司会议上，当冷友斌抛出"建牧场还是做市场"这个议题时，现场很安静，也很压抑，高管们都不表态。不表态也是一种态度。大家对这件事都不太理解，因为投入太大，而且回报期太长、风险巨大，看不到前景。

当时国内养殖规模超过千头的牧场都屈指可数。行业流行的是"营销主导"。养牛是社会的事情，交给第三方，企业做好擅长的生产加工就行。毕竟，市场处在人口红利期，只要多做营销，就能很快见到效益。

但冷友斌这次"一意孤行"，反复劝说大家：这是获得最优质、稳定可控的奶源的必然选择。冷友斌是幸运的，大家即使不理解也仍然跟着干，这是信任的价值和力量。

种草养牛的事业就这样开始了。飞鹤把在美国上市的融资和历年积累的全部家当拿出来，在黑龙江克东和甘南建了两座万头牧场。

建了牧场，产业链的延伸就是顺理成章的事。飞鹤还同步建了两个工厂，甘南一个，廊坊一个。甘南工厂的设备世界一流，全面采用多阶段低温烘焙技术（MSD），从工艺上保证营养成分不流失。

"看似是扩张，实际上有多艰难，只有我们自己心里知道。"冷友斌说，"最多的时候，我们背了 8 个多亿的贷款。"由于投资太重，资金链一度面临非常大的困难，甚至有同行说"飞鹤很快就飞不起来了"。

但飞鹤经受住了时间考验，也收获了市场肯定。正是这一正确选择，靠着自有奶源和自建工厂，才让飞鹤免于"三聚氰胺"事件悲剧的发生。

飞鹤的全产业链模式也得到了全行业的认可。"飞鹤是全国第一个建立全产业链的乳企。"冷友斌为此倍感骄傲。

飞鹤在北纬 47 度的黄金奶源带上，建成了婴幼儿配方奶粉产业集群，实现了从源头牧草种植、饲料加工、规模化奶牛饲养，到生产加工、物流仓储、渠道管控乃至售后服务各个环节的全程可控、可追溯。

截至 2023 年年底，飞鹤已经拥有 12 座大型牧场，11 个现代化的世界一流工厂，超 10 万头存栏奶牛、奶山羊，近 100 万亩专属农场，实现了原奶 100% 由自有牧场供应。另外，还有 2 000 多家合作经销商、超过 10 万家零售网点，6 000 万注册会员。

冷友斌说："世界很大，市场很大，守住初心，品牌建设也还有很长一段路要走。"所谓的初心，就是他出发的地方，以及刻骨铭心的北大荒精神。

品质铸基

2022 年 8 月，知名媒体人秦朔在黑龙江的黑河、齐齐哈尔调研了飞鹤的农场、牧场、奶粉工厂以及生态循环建设，发文感叹：60 年历史，20 多年的二次创业，飞鹤做了很多投机取巧者不愿做的事，最终得到了别人得不到的"得"。

而冷友斌则说："飞鹤下一个 60 年，还会一心一意做好一件事。进窄门，背重负，走窄路，见微光，面向未来，看见未来，拥有未来。"

秦朔所谓"得"和冷友斌所谓"一件事"，其中一个核心的支点，是以品质来铸就品牌之基。

"三聚氰胺" 事件"幸存者"

冷友斌至今回忆起 10 多年前那一幕，仍然感到惊心动魄。

2008 年 9 月 16 日，中央电视台新闻联播播出了长达 8 分 42 秒的"三聚氰胺"

事件新闻，其中披露 22 个厂家的 69 批次产品检测出三聚氰胺，国内不少知名品牌出现在负面名单上。

舆论大哗，举国关注。中国所有的奶企负责人都把心吊到了嗓子眼上，盯着电视屏幕不敢眨眼睛，希望负面名单上不要念到自己品牌的名字。

当时，冷友斌正好生病，在医院输液。他紧盯电视屏幕，内心狂跳不止，问题品牌的名单念完了，没有飞鹤的名字！冷友斌拔掉点滴，就要离开。护士说，您现在38.7℃，不能走。冷友斌说，不行，我必须得走了。

"我迷迷糊糊地往公司赶，大脑一片空白，这是天大的事儿啊！"冷友斌说。他一边擦着激动的泪水，一边往公司赶，此刻他的执念就是要与工人们在一起。

当时，中国乳品业进入飞速发展的黄金期，奶粉市场上有货就卖，显现出供不应求的景象。大量的企业冲进乳品加工领域，做市场、投费用，以争取更大的份额，赚取更多的利润。销售收入过十亿元的乳品企业不断涌现，头部企业伊利、蒙牛、三鹿的销售额已经超百亿元。

乳品的消费习惯也正在逐步养成。1998—2007 年，中国人均年牛奶消耗量从 5.3 公斤增加到 27.9 公斤，乳业生产总值从 120 亿元增加到 1 300 亿元。而"三聚氰胺"事件，让人猝不及防，把这个得来不易的乳品稳定期，拦腰截断。

对于中国乳业来说，这是一场毁灭性的灾难。"毒奶粉"蔓延为国际关注的恶性事件，多个国家和地区开始全面或部分禁止中国奶制品的销售。更严重的是，它摧毁了民众对国产奶粉的信心。

乳品行业野蛮生长的局面结束了，国内品牌占绝对市场份额的局面也同时结束了。国内品牌在乳品行业的市场份额从 2007 年的 65%，递减到 2015 年的 31%。而洋奶粉大举进占中国市场，市场份额不断增加。北京、上海、广州这些城市，外资奶粉的市场占有率一度达到 90% 以上。

飞鹤是未被检出三聚氰胺成分的"幸存者"。"这些年做的正确的事，终于被认证了。""三聚氰胺"事件，让飞鹤全体上下都懂了冷友斌为什么要坚持自己种草、自己养牛。

位于北纬 47 度的黑龙江齐齐哈尔空气质量优越，夏冬温差大，拥有天然弱碱性水源，是世界三大黑土带之一。得天独厚的环境也为飞鹤的新鲜奶源奠定了坚实的基础。

冷友斌感到庆幸的是，飞鹤早早确定了"质量决不给成本让路"的发展理念，做出了"中国乳业问题的症结在奶源"的重大判断，明确了"产品高于国家质量标准"的发展路径。

看似偶然，却是必然。正是因为飞鹤人面对利益诱惑、面对风险挑战做出正确抉择，才成就了今日飞鹤保持 60 多年零质量事故的记录。

这是品质的坚守，也是品质的胜利。

用冷友斌的话说："飞鹤是一家企业，更是一项事业，是孩子的事业，未来的事业。必须始终抱着敬畏之心、大爱之心，因为善待孩子就是善待未来。"

两位好兄长的品质理念

对品质的坚守，在飞鹤成了一种理念，一种精神，甚至是一种信仰，不只是冷友斌的，更是整个团队的。

冷友斌常说，他有两位好兄长。这在飞鹤集团，也是一件人尽皆知的事。

一位是飞鹤集团原党委书记吴志刚。他外号吴黑子，一是长得黑，二是铁面无私。老员工们都记得，当年吴黑子拒绝不合格奶源进厂，而多次被奶农追着跑的"小事"。凡是掺杂使假的牛奶，在他这里一律过不了关。

吴志刚最常说的一句话是："食品安全是红线，要反复强调，不该用数以万计的宝宝的健康来验证。"这句话也被冷友斌常常挂在嘴边，他说："我们要继承吴大哥的遗志。"

2008 年北京奥运会，冷友斌是火炬手。就在他参加火炬接力的时候，吴志刚因肝癌去世了。这是冷友斌心头永远的痛。

另一位是飞鹤集团原研发副总裁马锦延。他当年与冷友斌一同去上海学习，同住一个寝室。在当年从赵光乳品厂出来，跟着冷友斌一同创业的 100 多人里，老马是最坚决的那一个，一路并肩战斗从未分开。为了守护奶源质量，马锦延有被人追着打，甚至被刀架到脖子上的经历。

冷友斌说，马锦延作为技术高管，让飞鹤奶粉质量的标准不断提高。但让冷友斌心痛的是，马锦延 2012 年突发心脏病，倒在甘南的工厂里，享年 49 岁。

冷友斌和两位"好兄长"关心的不只是奶源，还有加工、质检和过程追溯。他们相信，飞鹤奶粉的品质管理是一个系统工程。他们当年孜孜以求的目标，如今都变成了现实，而且越来越完善。

从加工来看，飞鹤引入世界顶尖生产设备与制造管理体系，其智能化工厂实现了生产加工流程的管道化、流程化、自动化、密闭化与标准化，其加工的洁净度达到国际水平。同时受益于自有牧场和智能化工厂共存一地的优势，飞鹤形成了"2小时生态圈"，自有牧场产出的鲜奶，会在10分钟内降至0~4摄氏度，以全封闭的方式运送至工厂。从挤奶到加工只要2小时，较大程度地保证了奶粉的品质与新鲜。

从质检来看，质检中心会对产品进行层层把关，25道程序与超过300个检查点均需质检合格方可出厂，高质量的质检标准与流程保障了品质，能够降低消费者对产品质量的担忧，有助于赢得消费者信任。

从过程追溯来看，飞鹤努力推动实现线下线上全过程可追溯。一方面，在线下，飞鹤积极邀请消费者、服务商以及学界、业界专家到飞鹤工厂、牧场等进行实地参观；另一方面，在线上，飞鹤积极推动服务端、供应链和生产端的数字化升级，不断提升溯源查询的便利程度。消费者只需用手机扫描产品底部的溯源码，即可查看产品的相关信息。

同时，飞鹤官网推出"新鲜溯源"版块，对"扎龙湿地""飞鹤自有牧场""飞鹤智能工厂"等进行直播，使消费者足不出户即可沉浸式观看奶粉生产的全过程。

按冷文斌的说法，飞鹤这个品牌，是一个健康事业、战略事业和未来事业。中国的乳企品牌，应该寻求技术突破，追求严格遵守标准、超越标准，甚至制定行业标准，而不能为了暂时的利益，把整个行业拱手相让。

科技成势

2023年10月17日，"专研大脑营养 聪明中国宝宝"飞鹤脑发育战略发布会在北京举办。会上，飞鹤宣布启动脑发育战略。诺贝尔化学奖得主迈克尔·莱维特、中国工程院院士朱蓓薇、中国工程院院士陈卫、北京大学神经科学研究所副所长邢国刚等海内外专家齐聚，只为共同探讨生命早期脑科学、脑发育营养的重要性。

按冷友斌的说法，飞鹤能否真正成为世界一流奶粉企业，能否走向百年、走向更长时间，要看研发创新，看飞鹤有多少世界领先的科研成果、有多少发明创造、有多少专利，这才是飞鹤能够飞得更高的核心动力。在研发创新上，飞鹤一直坚持长期主义，做长期性、战略性的规划和投入。

研制中国母乳配方

冷友斌一直认为，中国乳业正在朝着一个明确的方向探索，那就是更接近中国母乳、更适合中国宝宝体质的奶粉。

也许有人不理解，认为只要是母乳，就应该一样。事实上，基因、饮食习惯、地域环境的不同，使得母乳成分存在差异性。比如，中国宝宝肠胃道缺乏消化牛奶的酶——乳糖酶，表现为乳糖不耐受，吃奶粉拉肚子。日本食物里多海产品，所以日本奶粉的含锌量极少，但对于中国宝宝，锌的摄取却非常重要。配方研发重要就在于此。

"飞鹤的配方要按照中国母乳研发设计。"冷友斌说。而在这条道路上，需要的是大力的投入和付出，研发是决定性的因素。

飞鹤走过全国 27 个省，采集到 20 000 多份母乳样本，全面分析中国母乳 2 000 多种成分，建立起中国母乳数据库。研究人员在对婴儿脑部发育非常重要的 DHA 和 ARA 进行对比后发现，中国母乳的比例为 1：1.7，而美国母乳中则是 1：3.5，两者之间差异显著。

2010 年，飞鹤"星飞帆"母乳化婴幼儿配方奶粉应运而生。这是市场上第一个以中国母乳为黄金标准设计的婴幼儿配方奶粉，其后飞鹤不断根据最新的科研成果，进行配方和工艺升级。

飞鹤联合中国科学院进行了为期一年的婴幼儿配方奶粉临床喂养试验，实验结果显示食用飞鹤奶粉的婴幼儿与食用母乳的婴幼儿在行为发育、语言能力等多个维度中没有显著差异。在一次长达三个月的消费者调研中，也得出了类似的结论。

这证明了飞鹤研发的价值。也是基于这一发现，飞鹤提出了"更适合中国宝宝体质"的品牌 SLOGAN（口号），并从 2016 年开始，重塑品牌标签。

从品牌的角度说，飞鹤在配方上的努力，能够有效地减少消费者在选购奶粉产品时的顾虑，提高消费者购买产品所感知到的价值，增加对飞鹤品牌的信任。问题在于，怎么样让这样一种"更适合中国宝宝体质"的理念深入人心，被广大的妈妈们所接受。

"星飞帆"的品牌意义，还在于它是一个高端品牌，是飞鹤品牌升级的拳头产品。在国人对国产奶粉不信任的情况下，飞鹤在品牌定位上直接对标洋奶粉，发起正面竞争。

由此，国产品牌在多年的沉寂之后强势崛起，市场占有率逐渐从最低不足 20%，一路飙升至 60% 以上。而其中表现最为亮眼的就是飞鹤，在婴儿奶粉市场的占有率超 20%，遥遥领先于一众外资品牌。

"星飞帆"的表现，证明了飞鹤品牌战略的成功。2015—2022 年，飞鹤连续获得世界食品品质评鉴大会金奖，实现了八连冠。而"星飞帆"已成为婴幼儿奶粉全球第一大单品，年销售额突破 100 亿元。

攻坚乳铁蛋白

2022 年 4 月 12 日 21 时 17 分 30 秒，经过现场调试人员百余天不分昼夜的奋战，随着超滤浓缩液的电导率最终定格在 0.5μs/cm（0.5 微西每厘米）。飞鹤哈尔滨工厂生产部预处理车间沸腾了。

这绝对是飞鹤发展史上，值得大书特书的时间节点，甚至可以详细到每一分每一秒。

在浓缩罐中，可以清晰地看到一种金红色液体。这不是普通的液体，而是大家梦寐以求、翘首以盼的乳铁蛋白！顿时，参与现场调试的工程师们争先恐后涌向浓缩罐视窗位置，有的两两拥抱，有的击掌庆祝，还有的躲在一边擦去眼中的泪水。

为什么这么激动？乳铁蛋白是一种母乳中的活性营养物，也是配方奶粉中的重要功能原料，像手机的芯片一样，技术难度特别高。之前，我国无乳铁蛋白生产技术，完全依赖进口，售价一般在 3 千元/千克，受国外供货限制影响，曾一度涨到将近 3 万元/千克。

也就是说，这竟然是一种"卡脖子"技术。飞鹤乳铁蛋白项目组成立以来，连续六年对此进行技术攻关，终于大功告成！

2022 年 5 月 23 日，飞鹤成功获批乳铁蛋白生产许可。这标志着我国乳品行业第一条乳铁蛋白自动化生产线建成。

最重要的是，它的关键技术完全拥有自主知识产权，让中国的乳铁蛋白生产不再"受制于人"，开创了行业先河。其产品纯度稳定在 95% 以上，比肩国际水平，在全球也只有少数几家企业能做到。这大幅提升了中国乳企在全球供应链的话语权和核心竞争力。

这是属于飞鹤的荣誉，也是飞鹤以科研推动发展战略的产物。一直以来，飞鹤都十分重视研发创新，全产业链向科技链跃迁。从土地、种子、饲料到牧场和生产线，一切都在科技化、数智化。

品牌需要硬核支撑。品牌升级的过程，就是要去啃下一个又一个"硬骨头"。

启动脑发育战略"抢时间"

2023 年年初，飞鹤开了上一年的业绩发布会，冷友斌和很多在场朋友的共同感受就是两个字——艰难。

艰难的不只是现实的经济环境，还有更大的危机，即人口出生率的下降。这是所有奶粉品牌必须直面的问题。

2022 年，我国全年出生人口为 956 万人。这是自 1950 年以来，我国出生人口首次跌破 1 000 万人。在未来，伴随着人口老龄化程度的不断加深，我们要克服人口红利减弱的影响，就必须促进人口红利向人才红利转变，加快建立人才资源竞争优势。可以说，对于一个国家而言，国民的健康与智力水平，关乎国计民生。

面对上述环境，怎么突破？又怎么突围？飞鹤的选择还是科技创新，通过矢志不渝的科技创新，顺应时代变化和诉求，去推动持续不断的品牌升级。其中一个核心工程，就是全面启动脑发育战略。

世界卫生组织研究表明，生命早期 1 000 天是一个人生长发育的"机遇窗口期"，超过 80%的大脑发育在这一阶段完成。专家认为，该时期的营养干预，对宝宝的智力发育尤为重要，不仅关乎成年后的智力水平，也是奠定一生身心健康的关键，一旦缺失，将产生不可逆的影响。而重视生命早期 1 000 天脑发育，能够让每一个个体未来拥有更好享受幸福的能力，以及持续探索未来、创造未来的可能

这 1 000 天，也是婴幼儿奶粉品牌的"窗口期"。无论市场形势怎么变化，谁能抓住这个"窗口期"，研究好这个"窗口期"，满足这个"窗口期"的需求，谁就能立于不败之地。

冷文斌说："脑发育研究花多少钱都值。"在他看来，脑科学研究是国家战略，关乎国家未来发展和国际竞争力。飞鹤作为行业领导者，主动扛起生命早期脑发育和

营养研究的重任，是大国大企业应有的担当。想要发展，就必须在关键技术领域摆脱技术依赖，不能受制于人。

"咱们抢时间，就是在跟世界的变化抢，是要抢在变化之前，抢在挑战到来之前。"冷文斌坦言，"面对国际上日新月异的变化发展，我们必须快，必须加速。"

科研最自豪的是做标准

事实上，飞鹤在生命早期的脑部营养研究领域已深耕多年。

2023 年，飞鹤动作频频，4 个月内相继和国内外顶尖科研平台建立合作。5 月，飞鹤与北大医学部启动了生命早期脑科学研究计划，探索并深度推动生命早期脑科学研究及应用；9 月，哈佛波士顿儿童医院—飞鹤脑发育基金会成立。

科研就得花钱，甚至是"烧钱"。10 多年来，飞鹤持续增加研发投入，为创新奠定扎实基础。2016—2020 年，飞鹤研发投入逐年增多，增长超过 10 倍。飞鹤财报显示，2022 年飞鹤研发投入 4.9 亿元，同比增长 15.9%，处于行业领先水平。

让冷文斌引以为傲的是飞鹤的研发人才和研发团队，以及在此基础上构建的研发平台。

在人才方面，飞鹤近年的研发人员数量扩充超过 3 倍，涵盖了来自营养学、乳品工程学和乳品科学等学科的多位硕士生及博士生，组建起了一支专业过硬的高层次人才队伍，形成了创新研发的科研智库。

在平台方面，飞鹤积极整合研发资源，包括充分投入内部资源和拓展外部资源，增强了与哈佛医学院、北京大学医学部、中国工程院院士团队、中国农科院、江南大学等专业院校和研究所的合作，围绕全产业链、全生命周期持续开展研究创新。

科研创新的实力，需要科研成果来证明。自 2009 年以来，飞鹤陆续承接国家"863 计划"营养强化食品的研究与开发专项、国家"十二五""乳基料及干酪食品的研制与产业化"计划、"十四五"国家重点研发计划"基于中国母乳研究的新一代婴配乳粉制造技术研究及示范"项目等 39 项国家及省级重要科研项目，其中国家级重大科研项目达 25 项。科研成果十分显著，多篇论文发表于国内外顶尖期刊。

"做科研最自豪的是什么？"冷文斌的答案就是做标准，"在研发创新上，飞鹤一直坚持做长期、战略性的规划和投入，而不是看短期、眼前的效益。"

秦朔的评价是："因为有飞鹤，整个中国奶粉业呈现出的是不断创新、向上走的态势，这是一个有尊严的行业……如果没有飞鹤，也许中国奶粉市场还会被锁定在较低的竞争水平上。"

这是飞鹤品牌升级的最终价值所在。它不只是一个民营企业的成长和发展，更体现出一个中国品牌的责任和使命。

🖥 品牌手记

创新是推动品牌升级的核心动力

冷友斌一直相信，一个国家的形象，很大程度上是由这个国家的品牌形象决定的。因此，当中国正在从经济大国向经济强国跃迁，从品牌角度看，就是要从一个商标大国成为一个品牌强国。

"中国品牌需要一个机会，也只要有一个机会，我们就有信心，让全世界都看见我们的品牌。"这是冷友斌的承诺。

显然，飞鹤获得了这样一个机会，珍惜这样一个机会，并兑现了自己的承诺。

这个曾经濒临消亡的品牌，逆袭成为中国婴幼儿奶粉第一品牌，为民营企业发展提供了生动实践的样本，也提供了中国品牌塑造的创新密码。

是的，"创新"这两个字，犹如飞鹤的两只翅膀，带动飞鹤的品牌展翅高飞，越飞越高。

初心铸就飞鹤的品牌之魂。企业家精神的本质就是创新，也就是美国经济学家熊彼特所谓的"创造性破坏"。冷友斌带着飞鹤的品牌和一群志同道合的人，选择自立门户干起民营企业，以及他敢于到加拿大投资设厂，都体现了飞鹤人的冒险精神，也是一种创新精神。而改变国内奶粉企业的奶源模式，以种草养牛引领奶源革命，开行业先河打造全产业集群，更是带着巨大勇气的创新。

品质铸就飞鹤的品牌之基。"三聚氰胺"事件的发生，根源是品质上的溃败。而中国乳业国产品牌，很长一段时间在市场受到不公正对待，也是因为消费者对品质深深的误解。靠什么消除误解？就是要证明你的品质。飞鹤从奶源到加工，再到质检和过程追溯，都是不断创新构建的系统工程。

科技铸就飞鹤的品牌之势。所以我们看到，飞鹤找到"更适合中国宝宝体质"的创新理念，并不遗余力地研发更接近中国母乳、更适合中国宝宝体质的奶粉；所以我们也看到，飞鹤愿意投入巨大成本和6年时间，去研发乳铁蛋白，攻坚这一"卡脖子"技术；所以我们还看到，飞鹤全面启动脑发育战略，要抢夺生命早期1000天婴儿脑发育的"机遇窗口期"。

创新的精神，其实就是飞鹤的品牌初心，就是飞鹤的品牌之根基，也是飞鹤的品牌起飞之势。

创新，就是中国品牌不断崛起、升级的最大动力。飞鹤是这样的跨越者，在创新中一次次飞跃自己。对长期主义的坚持使它特立独行，卓然不凡。对创新的坚持，让它朝着大国品牌、百年飞鹤的目标，飞得更高、飞得更远。

作者简介

付克友，资深媒体人。先后在主流媒体担任编辑、记者、评论员及主编等职，现任每日经济新闻品牌价值研究院执行院长。在全国各大媒体发表评论作品上千篇，出版个人著作1部，另参与撰写著作2部。多次获全国、省、市新闻奖。

恒力篇

民生银行

博纳影业

民企伙伴：

民生银行

28 年"磨一剑"

肖世清

品牌档案

民生银行（SH600016）

品牌价值 493.25 亿元

2024 中国上市公司品牌价值榜 TOP94

（数据来源：每日经济新闻和清华大学经济管理学院中国企业研究中心联合发布 2024 中国上市公司品牌价值榜）

在世俗眼中，大落复起、逆风翻盘、走向巅峰才是让人热血沸腾的绝佳剧本。但在平凡的世界里，唯有顺势而为、坚韧不拔，十年磨一剑才是通往心之所向的大道正途。而这一幕梦想照进现实的剧情，发生在一家银行近30年的品牌坚守与自我超越里。

成立于1996年的民生银行，主要由民营企业发起设立，或许是与民企同根同源，从成立之初就锚定了"民营企业的银行"这一战略定位。28年发展史中，穿插着16年小微金融、11年社区金融重大篇幅。二十几载耕耘与坚守，该行在小微金融和民生服务上打造出鲜明的特色和优势。

同时，在这家企业的品牌路径中，我们看到了中国金融业服务实体经济的决心、坚守初心的韧劲。

引子

我国银行数量庞大，繁华的城市里通常驻扎着多家银行。对于多数群体而言，去银行无非就是存钱、取钱、贷款，服务项目大同小异，选择哪家银行区别不大。

也正是在这种背景下，各家银行开启了品牌差异化路径，从核心业务、发展战略到服务客群等都开始进行再定位。由此一来，"零售之王""同业之王""对公之王"等银行品牌代名词也在市场叫响。

不同的是，民生银行从成立之初就将自身定位为"民营企业的银行"。官方数据显示，当前民营经济为我国贡献了 60% 以上的 GDP，占市场主体数量的 90% 以上，而民营企业 85% 由小微企业构成。长期为这个庞大又复杂的群体提供金融服务，并非易事。

由于规模较小、信用记录不完善、财务信息不透明等，金融机构往往不擅长，也不乐于对这个群体开展金融服务。为攻克这些难题，在服务中小微企业方面，洞悉企业融资症结，精准满足用户需求，是民生银行长期的使命和追求。

在中国经济金融转型变革的大潮中，探路前行、创新求变是保持品牌长青的必经之路。民生银行在锚定民企服务主航道时，优化了"敏捷开放的银行、用心服务的银行"两大战略定位新内涵；在服务小微板块时，也因时而变，进行了四次调整升级。

"小微金融+社区金融"，是民生银行贯穿服务个人、民营中小微企业始终的长期核心战略。11 年社区金融的精耕细作，其将"用心服务的银行"定位融入日常，面向新市民、老年群体提供广泛的金融与非金融服务，因此广获民众赞誉；16 年对小微金融业务的潜心打磨，使得服务民营企业的使命已融进民生银行的"血液"，其所拥有的小微客户数量也由最初的 3.2 万户增至 2 180 万户，有企业主评价其为"一路相伴的朋友"。

而这些也逐渐让民生银行在民生和小微金融服务方面，成为公认的金字招牌。

社区金融 11 年：下沉与口碑

上门给老人换灯泡，替加班的居民接孩子，这些看似与金融无关的事，银行为何要做？一做还做了 10 余年？一位社区支行客户经理说，他们一句"以前有事找民警，现在有事找民生"，是对我们至高无上的评价。

曾几何时，社区金融迎来各大商业银行狂热的"跑马圈地"。然而 10 多年过去，在多数银行逐渐离场或淡化这块业务时，民生银行逆向而行，并持续加大投入。这块主要面向新市民及老年群体的业务，意想不到地提升了服务口碑，并给民生银行带来了正向的商业价值。就在 2022 年，民生银行入选福布斯中国 ESG50；2023 年 12 月，民生银行的 MSCI ESG 评级跃升至 AA 级，负责任银行的社会形象持续提升。

社区里的"便民智慧银行"

2022 年年底，成都新冠病毒感染病例多发，抗原试剂、退烧药等防疫物资突然变得紧缺。在外地工作的刘女士，留下 80 岁的老母亲独自在家。正在刘女士焦灼不安时，收到民生银行成都华侨城天鹅堡社区支行服务经理徐岚发来的信息。

原来，考虑到社区里上了年纪的老人比较多，可能需要药物，该社区支行紧急联系到一家药店，预备了少量抗原试剂、N95 口罩和退烧药。徐经理告诉刘女士，如果有紧急需求，可以找她。这真是雪中送炭！

"徐经理给我母亲送去药品后，还在网上给我母亲购买了一些菜，并多次打电话询问她的状况。"刘女士感谢徐经理照顾自己的母亲，"这本不是她该做的事。基于这份情谊，我把资产交给他们银行打理也比较安心。"

这只是民生银行"社区金融"日常故事的一个缩影。

时间回到 2013 年，我国经济开始从高速增长步入中高速增长阶段，GDP 增长率低于过去十年平均值。彼时，中央政府着手推进经济体制改革和经济结构调整，经济增长方式从外延型、粗放式逐步向内涵型、节约式转变。

此时金融环境也迎来重大变化，央行全面放开贷款利率管制，利率市场化进程只剩下全面放开存款利率管制这"最后一跃"。而互联网金融也迅猛崛起，致使金融脱媒现象愈演愈烈，商业银行存贷两端均遭受重创。

经济金融环境的深刻变化，对银行传统的商业模式产生了巨大冲击，转型与变革迫在眉睫。面对复杂的宏观经济形势和日趋激烈的行业竞争态势，不少商业银行均将转型方向瞄向零售业务，战略定位同质化现象也日趋严重。

在此背景下，民生银行提出"社区金融"战略，以移动互联网化应用、小微生态圈、小区生活圈为支撑的新体系逐步形成，移动运营、社区网点成为该行重要的新客户来源。

经过 11 年的发展，本着将"便民智慧银行"开进社区的理念，民生银行全国的 1 200 多家社区支行，除了做本职上的金融服务，还将义务跑腿、快递代收、防诈宣传等非金融服务也纳入服务范围。依靠这种稳定的社群关系，在拉动客户金融资产规模快速增长时，该行也收获了良好的服务口碑。

打通"最后一公里"

历经 10 余年发展，社区金融布局呈现差异化，部分银行机构选择减少社区支行网点，降低资源倾斜。民生银行则坚持社区金融发展战略，通过构建差异化优势，提供广泛的金融与非金融服务，使得零售业务得到了良好的支撑。

随着普惠金融战略推进，金融服务不断下沉，社区金融也被视为金融服务的"最后一公里"。事实上，民生银行在特定社区范围内提供针对客户的个性化金融服务，与客户保持长期性的业务关系，加上其独特的服务和灵活的服务收费，不仅满足了"金融真空"的金融服务需求，还可以成功抵御风险、赢得良好的口碑。

33 岁的蔡晨伟是北京右北大街社区支行行长，2023 年是她加入民生银行的第 10 年，也是她做社区支行经理的第 10 年。

社区里居住的老年群体居多，除了日常工作，平时支行也会开展一些社区活动，比如教老年朋友们使用智能手机、做月饼、刺绣等手工。当然，像上门帮老人换灯泡、替加班客户接孩子等"跑腿"事务，也贯穿了蔡晨伟的工作日常。蔡晨伟说："多年社区支行工作经历，最大的感触就是服务远比销售产品本身更重要，单一营销某个存款或贷款产品是很容易被替代的。"

在民生银行北京林萃社区支行工作的董十美说："对比其他支行客户经理，社区支行工作的特殊之处在于一人要身兼多职，因为不像商业区或办公区的网点，客户办完业务就走了，没有过多的交集和接触。我们和社区客户之间就像邻居一样，大爷、大妈们修手机、修电脑、打印这些活儿都找我们。"

当记者问及如何看待这些非金融服务时，董十美说："对我而言，金融服务与非金融服务是一体的。首先，全行上下对社区支行强调最多的就是用心服务，这本就是工作的一部分。其次，这些老年群体除了是客户，也像长辈一样关心我们，付出都是相互的。"

因服务区域范围有限，业务开展种类有限，目前社区金融工作也面临不少挑战，故而发展容易达到瓶颈期。如何突破瓶颈、创造新增长点是一个考验，需要将社区场景与其他场景融合，打造业务新"触角"。

就董十美的观察而言："虽然已经下沉到社区 10 年了，但是客户开发率也就只有不到 50%，附近的银行网点很多，竞争激烈，怎么让更多的客户知道民生，这是亟待解决的问题。"

谈及为何在社区银行这个岗位坚守 10 年，董十美说："这些社区客户一定程度上处于'金融真空'中，他们离不开我们。另外，无论任何行业，金杯银杯不如百姓的口碑，服务创造价值，细微彰显真心，用心真诚的服务终会获得客户的信赖和认可。"

获取正向商业价值

根据学界定义，社区银行是指在一定社区范围内，按照市场化原则自主设立、独立按照市场化原则运营、主要服务中小微企业和个人客户的中小银行。

有专家概括，社区金融模式实质是东方亲情信誉加西方商业信誉。11 年来，通过这种稳定和深度信任的社群关系，在获得正向商业价值的同时，此项业务成为该行践行金融人民性，服务广大客户，特别是老年群体、新市民群体的基本阵地。

社区金融在国内崭露头角时，不少商业银行蜂拥而至、奋战其中。诸如招行、兴业、浦发等全国性商业银行都曾在此领域积极布局，数年过去，各大银行已逐渐离场或淡化这块业务。民生银行却逆向而行，最近几年还在这块"被抛弃"的领域精耕细作。

民生银行加快了社区支行网点转型，并持续加大投入。在业务布局上，按照

"业态多元化、运营智能化敏捷化、全渠道经营"三大主轴，启动网点转型升级项目的实施，加快形象设计和功能升级，全面提升网点经营质效和营销服务能力。

在服务体验上，从客户视角细分场景，制定八大类营销标准服务流程及服务手册，针对移动运营高频交易推出智能营销推荐功能，强化重点客群管户服务，探索远程赋能服务模式。

在服务范围拓展上，民生银行聚焦在更多非金融服务上，打造"便民生活"，提升社区居民的便利生活体验。例如，构建权益体系，针对社区支行网点周边三公里的商户推出居民满减权益体系，发挥社区支行的优势，联合多家头部电商平台将社区支行作为团购点，提升社区居民日常买菜、购物等生活体验。

数据显示，截至 2022 年年末，该行社区客户金融资产规模达 3 828.24 亿元，比上年末增加 253.75 亿元；其中，储蓄存款规模 1 711.86 亿元，比上年末增加 449.95 亿元，增幅 35.66%；有效及以上客户数达 105.12 万户，比上年末增加 8.84 万户。

民生银行的一位社区金融负责人对记者表示："虽然社区支行主要是个人客户，对银行来说创收相对不大，但是根据我们调查，社区支行客户的留存率都在 50% 以上。另外，百姓口碑也是另外一种收益，这会无形中创造更多价值。很多居民说'以前有事找民警，现在有事找民生'，这句话能抵千金万银，也更加印证了我们的方向没错。"

小微金融 17 年：深耕与信任

官方数据统计，当前民营经济为我国贡献了 50% 以上的税收、60% 以上的 GDP、70% 以上的技术创新、80% 以上的城镇就业、90% 以上的市场主体数量。而小微企业数量在民营企业中的占比达 85% 以上。

民生银行在 2008 年率先开启小微金融探索，16 年来磨一剑，锚定民企服务主航道，打造鲜明的品牌特色，一砖一瓦筑起民生小微金融的金字招牌。

比企业更了解企业

一直以来，小微金融赛道上挤满了各大商业银行。政策层面上，发展普惠金融、服务小微实体已成为银行的社会责任，是满足政策和监管的刚性要求。银行层面上，随着金融脱媒和市场竞争的加剧，客户资源短缺已经成为国内银行发展的重要制约因素，小微企业涉及人群众多，发展小微金融，对于银行调整客户结构、开辟利润新区具有重要意义。

再者，在外部环境复杂多变及内部改革深入推进的大背景下，息差急剧收窄，成为制约商业银行盈利增长的瓶颈之一，小微业务不仅有利于优化收入结构，也有利于分散经营风险。

但真正使小微业务成为发展必选的，是随着政府平台、房地产、大公司融资高速增长期的结束，银行"躺赢"的时代已经过去。"黄金发展时期"的结束，使得发展小微信贷正在由外部驱动转化为内部自主行动。可以说，银行发展小微信贷业务既是政府政策和监管部门推动的结果，也是自身经营转型、实现可持续发展的必然选择。

作为国内小微金融服务的先行者，民生银行一直将小微金融服务作为战略业务深入推进。十多年来，民生银行靠什么赢得诸多小微企业的信赖？

西安米基商贸有限公司成立于 2014 年，现有员工 45 人，主营业务为奶制品销售，主要经营君乐宝奶粉全品项在西安市区的相关业务。公司负责人李先生在回忆起创业初期时表示："那时候我还没有利用金融杠杆的意识，由于创业初期的税务、工商等数据不够完善，想从银行贷款并不容易，企业发展非常受限。"

李先生后来通过朋友介绍认识了民生银行客户经理李别宁，经过他一番评估，认定李先生符合微贷授信条件，只过了一周，民生银行就批了 30 万元贷款，后来又追加了一笔 70 万元的抵押贷款。这笔钱对李先生来说至关重要。

奶制品逢节假日便迎来销售高峰，经销商也需要提前备足货源。2023 年临近中秋，李先生资金周转不开。跟民生银行反映之后，通过线上申请，从审批到放款不到一周时间。

"真是解了我的燃眉之急。"李先生说，公司和民生银行的合作已经走过了 7 个年头，像朋友一样一路陪着企业发展壮大。

有着同样经历的王先生，从事的是锻压高新技术研发、金属材料生产等高端装备制造业，往往承接一笔订单，需要储备大量的原材料，这会使企业面临巨大的资金缺口。

王先生说："其实企业什么时候需要用钱面临着很大的不确定性，但民生银行信贷产品审核快捷、放款灵活，且随借随还，比较符合我这类企业的需求。他们也很清楚我们需要什么样的服务。"目前王先生的公司与民生银行的合作日趋紧密，公司也逐渐发展壮大，还有进一步上市的打算。

这种长期陪伴式的服务，能够缔结深度信任关系，而提供贷款只是第一步。企业发展壮大后，后期企业的闲置资金打理、财富管理、转账结算、工资代发等业务也都自然转入民生银行，这对该行其他业务形成有力支撑。

近 5 000 名专职人员奔波一线

当前线上服务已是大势所趋，也是商业银行获客的重要来源。但小微企业是一个庞大的群体，构成极其复杂，线上标准化的批贷维度必然出现"金融真空"。

为覆盖到这些"服务盲区"，民生银行采用最"笨"、最"苦"的办法，组建近5 000 人的线下专属服务团队，深入大街小巷、商圈、市场、社区、园区等地实地调研，了解小微企业的多样化需求，针对这些差异化需求，力求以量体裁衣的方式提供定制化服务。

说易行难，在实践中，由于很多小微企业主金融意识不强，而线上操作流程繁杂，很多时候客户经理要随叫随到，这是一个极其庞大又复杂的工程。

民生银行西安分行一位工作人员说："客户经理们很少坐在办公室，他们与客户待在一起的时间比同事还长。对于客户经理的培养，民生银行建立了以业务能力为主的多维评估体系，将小微客户经理按'黑紫红蓝'分段位，黑带为最高等级，五年黑带经理会被评为'黑带大师'。"

"90 后"的李别宁就是其中一位"黑带大师"。他说："我现在一共有 500 多名客户，其中有贷客户超过 300 名，我能清楚记得每一位客户的资质及经营情况。要给小微企业提供更好的服务，就必须了解他们，我几乎每天都要出去拜访客户、了解客户近况。"

"客户经理要做的工作太多了。"李别宁说，"虽然流程很长，但这些都刻不容缓，企业用钱可等不得，我们几乎都是加班加点尽量以最快的速度给客户放款。"李别宁表示，他从来没觉得这是一份简单的销售工作，很多企业已经把他们当成相伴多年的老友，每当累到想放弃时，看见自己服务的企业逐渐发展壮大，挺有自豪感，所以万分不舍。

为了进一步提升客户服务的质量，强化团队管理，民生银行 2023 年推出了针对小微客户经理的"铁律行动"，意在打造一支有纪律、有意志的队伍，内含小微客户经理团队建设、分支行腰部力量建设等。

四次裂变与成长

客户的认可，源自企业对自身业务的不断提升。回望这 16 年，民生银行小微金融发展史历经四个关键阶段，也在跌宕起伏中焕发了新生机。

第一阶段为 2008—2011 年，亦可称小微金融 1.0 阶段，彼时民生银行的小微金融服务主要集中在传统的贷款服务上。2008 年，全球陷入了前所未有的金融危机，民生银行适时推出主要服务小微企业的"商贷通"业务，主要为融资需求在 500 万元以下的小微企业提供快速金融服务。而 2010 年年末，"商贷通"余额突破 1 500 亿元，同比增幅达 254.81%。

第二阶段为 2011—2017 年，高速发展后小微贷款余额达到历史峰值，快速扩张期往往掺杂粗放式的经营，彼时小微业务进入结构调整期。2011 年，民生银行对小微金融服务进行全面升级，正式推出小微金融 2.0 版本，并围绕企业结算、服务范围、授信评价体系等多个方面做了重大提升。经过调整后，小微企业贷款在个人贷款及垫款中的比重，也由高峰期的 70% 左右降至 30% 左右。

第三阶段为 2017—2021 年，依托"数据+科技"推动小微金融服务再次升级，自此开启小微金融精细化之路。民生银行围绕小微整体的全生命周期，不仅仅局限在信贷和结算，还提供"信贷、结算、财富、开户管理"等全链条金融服务，也使小微金融走出差异化、可持续的发展道路。自 2017 年来，小微贷款不良率开始持续下降。

第四阶段为 2021 年至今，民生银行提出小微新模式，其核心目标就是，围绕小微法人和小微个人客户，加大线上、信用、法人支持力度，构建差异化竞争优势。在此期间，民生银行推出"民生惠"产品、上线"民生小微 App"、推行"蜂巢计划"，通过一系列创新举措让小微金融服务迈上新台阶。

多年来，在小微金融服务的探索和实践上，民生银行持续完善与优化业务模式，不断满足中小微客户的多元化需求。截至目前，该行普惠小微贷款规模突破 7 000 亿元，累计发放小微贷款超 6.7 万亿元，累计为 2 180 万小微客户提供综合金融服务，并为超过 240 万小微客户提供了信贷服务。

坚守与价值

"小微金融+社区金融"，体现了民生银行服务民企、中小微企业的长期核心战略。但作为上市银行，如何给股东、股民创造利润，也是要重点考量的问题。

金融工作的政治性、人民性和商业性如何平衡？该行似乎已经找到两全的方案，在他们看来，"服务大众、情系民生"的企业使命并不是靠喊口号喊出来的。为此，该行长时间用过硬的信贷产品、精益的风控技术及付诸的社会责任来兼顾两者的平衡，通过不断优化金融产品和服务等，在服务小微企业、乡村振兴等重点领域持续发力，不断提升市场形象和品牌声誉。

精雕细琢的产品竞争力

中国中小企业协会副秘书长聂贤祝表示，目前我国中小微企业总量已经超过5 000万户。协会调研显示，市场需求不足、用工成本高和资金紧张成为中小微企业面临的主要困难。所调查的3 000家企业中，超过1/5的企业反映资金紧张。而造成资金紧张的主要原因包括营收下降、刚性成本上升、应收账款回款慢。

同时，中小微企业在资金方面出现一些新的特点：一是融资需求不振与融资难并存。超过1/3的企业没有融资需求，且这个比例在小幅上升，而超过1/4的企业反映融资仍然困难。二是银行贷款仍是企业的主要融资渠道，但比例在下降。三是反映银行服务产品创新不足的比例在上升。聂贤祝称："中小微企业对于银行贷款的需求可归纳为：首贷要扩面，续贷要便捷，信用贷要增量，创新贷要精准。"

随着市场环境与小微企业需求的不断变化，为保持竞争力，民生银行小微金融产品不断迭代升级，已由单一产品向多元化、多领域特色产品进行转型。

2022年年初，民生银行推出了面向小微企业、个体工商户等打造的移动金融服务平台——民生小微App。该App创立了"五位一体"移动式服务，包括"小微企业+个体工商户"一站登录、"融资+结算+财富"一站服务、"线上+线下"一站对接等，为小微客户带来更加高效、便捷的服务体验。

用户数量是验证产品的试金石，据该行最新数据，民生小微 App 用户数突破 160 万户，本年新增超 55 万户，访问量已突破 1 700 万次。但平台的搭建只是第一步，如何让产品填充内核，才是留住用户的关键。

为解决小微企业个性化资金需求，民生银行在不同时期推出了各类针对性产品。例如，"星火贷"是对具有自主知识产权、技术含量高、高成长等显著特征的科创类小微企业提供的融资服务。考虑到这类企业处于初创期、缺乏抵质押品，"星火贷"主要融资方式为信用，要求申请企业股权关系清晰、技术团队稳定、企业核心技术在细分行业具备一定地位等。

西安高新产业园区聚集了大量这类企业，园区一负责人表示："我们给企业对接了大量民生银行的产品，主要考虑到这家银行放款灵活，包括利率、期限、额度均按照园区企业资金使用特征设计，考虑很周到。"

该负责人还提道："其实银行不应只看表面的销售数据，更应关注企业发展前景，正确评估企业价值，发现好的创业企业需要银行不断创新金融产品。恰好民生是一家正在朝这个方向靠近的银行。"

除此之外，该行近期打造了一款现象级产品——"民生惠"，它是一款基于开放式数据的线上信用贷款产品，打破了传统信用贷款线上申请额度较小的弊端。具备审批快、额度高、使用灵活等特点，为小微企业提供在线申请、实时审批、线上提款等多种服务。

产品设计上，"民生惠"额度上限为 300 万元，额度有效期最长为 5 年，平均贷款期限 3 年，支持无还本续贷。目前，"民生惠"全国实现申请客户超过 12 万户。

科技赋能小微服务质效

当前，数字化、网络化、智能化发展日新月异，为推进互联网便民、利民、惠民提供了广阔空间。对金融业而言，数字化转型已经成为创新业务模式、优化产品服务、提升服务效率的重要抓手和关键动力。

科技的发展为金融行业支持小微企业融资提供了更多的选择和可能。监管也在引导金融机构合理运用科技手段，有效发挥金融科技在破解小微融资难题中的积极作用。

2021 年，民生银行将数字化转型提升到战略高度，明确了打造"敏捷高效、体验极致、价值成长"的数字化银行的目标，提出了"通过优化组织架构、变革体制机制、全面提升科技能力与数据能力，推进生态银行和智慧银行建设"的数字金融策略。

而数字化运营也是该行摸索了多年的小微金融新途径。早在 2014 年，民生银行就推出"网乐贷"，实现小微客户自助申请、系统自动审批、客户自助签约放款等功能；2015 年设立的小微之家，可实时办理预约开户、贷款、收银、投资等服务；目前的"民生惠"产品的背后，是该行基于互联网、大数据等技术，利用工商、税务等多数据源对小微企业主动进行授信的模式，该模式能够精准拓展目标客群，具有期限长、额度高、审批快、智能提额、使用灵活等特点。

数据显示，2022 年，民生银行科技投入 47.07 亿元，同比增长 22.48%；科技人员数量达到 4 053 人，比上年末增长 32.36%。民生银行首席信息官张斌在一次公开活动上表示，在推进数字金融建设的过程中，民生银行始终将金融科技赋能实体经济发展、增强金融的普惠性放在最优先的位置。

具体来看，一方面创新科技金融产品，支持科技企业发展壮大。例如，民生银行利用数字化、智能化手段创新业务模式，推出了全线上化信用贷款产品"易创 E 贷"。同时，着手打造"科创评价、科创产品、科创行研和科创生态"四大平台，以专业化的金融服务支持科创企业做大做强。截至目前，"易创 E 贷"产品已累计放款超 15 亿元，惠及 700 多户"专精特新"科创企业。另一方面，科技续写普惠金融新篇章。自 2008 年开展小微金融探索与实践以来，民生银行累计服务小微客户 2 180余万户，累计发放小微贷款 6.7 万亿元。为进一步提升小微客户金融服务的可获得性，民生银行组建专班，构建基于大数据分析的主动授信智能决策体系，通过额度智能测算和风险智能监测打破信息不对称，推出了契合小微客户的"民生惠"（法人+个人）等主动授信产品。

严控风险坚守合规

于商业银行而言，不良率升高不仅会增加经营风险，侵蚀利润，而且不利于小微业务健康发展，不符合长期战略定位。所以，把控风险也是贯穿商业银行发展的长期课题。

2014 年，民生银行小微贷款突破 4 000 亿元大关，小微客户数也增至 291 万户，短短一年客户数量较 2013 年增加了足足 100 万户，同时小微贷款在零售贷款中的占比也达 62.65%。

但前期规模的快速扩张，往往掺杂了粗放式经营。2014 年，小微不良贷款的比例也陡升至 1.17%，较上年末上升 0.69 个百分点。

意识到这种激进的经营模式与健康可持续发展方向背道而驰。民生银行开启了业务转型，从以贷款为主的服务向"贷款+结算"的服务转变，即结算先行再做授信。经过第一阶段的探索，该行逐步转化思维，围绕小微整体的全生命周期，不仅仅局限在信贷和结算，还提供"信贷、结算、财富、开户管理"等全链条服务。

随着业务结构的调整，小微企业贷款占零售贷款的比重也由峰值时期的 70% 降至 30% 左右。2016—2022 年，民生银行小微贷款占零售贷款的比重一直维持在 32%～38%，保持稳定态势。另外，自 2016 年以来，该行小微端资产质量明显改善，不良率逐年下调。

经过多年的积累探索，民生银行在小微风险管理上也有自己的独门秘籍。

2021 年启动小微新模式转型以来，民生银行打造了小微智能风险决策基座，优化了全流程风控。利用大数据提供主动获客名单和预授信额度，精确制导锁定客户；在精准画像的基础上嵌入前置筛客、审批、放款、贷后等全流程线上服务，建立多场景自动化风控模型体系，实现从申请到放款的全线上无人工化等。

此外，加大了从贷后预警识风险的力度。民生银行重塑小微贷中、贷后管理体系，深化存续期的风险管理。例如，建立"存续期动态调额"机制，在业务存续期内通过自动化监测预警发掘"价值"或"风险"客户；加强逾期催收体系化管理能力，将还款前、逾期后不同时间段进行切片分解，提升早期风险识别能力等。

同时，巧妙从团队角度避风险。开展小微"铁律行动"和客户经理资质管理，例如，推进小微客户经理资质管理体系建设，规范业务准入资质，提升团队从事复杂信贷的能力等。

经过一系列决策的实施，最新数据显示，2022 年年末，该行普惠型小微企业不良贷款率为 1.70%，比上年末下降 0.59 个百分点。2023 年半年末，普惠型小微企业贷款不良率为 1.17%，较年初下降 0.44 个百分点。2023 年三季度末，普惠型小微企业贷款不良率为 1.08%，比上年末下降 0.62 个百分点。

突破与超越

坚守战略定位，常备忧患意识，随着内外部环境变化适时而动调整战略，进而不断突破自我，是企业保持核心竞争力的关键，也是保证品牌底色不变的重要前提。

成立至今，民生银行步履不停，在每一个阶段都紧跟市场变动，不断调整和优化业务布局，并制定相应的小微金融战略。虽然已经步入小微新模式阶段，但这家银行并未止步于此，而是在现有基础上继续深化，用对自身极高的要求来增加品牌厚度。

继续深化小微新模式

围绕"民营企业的银行、敏捷开放的银行、用心服务的银行"三大战略定位，小微金融服务仍是民生银行未来重守的领域。

"小微企业的快速发展，市场竞争力增强，催生了企业的融资需求，但小微企业自身的局限性与金融机构严格的审批制度降低了企业获取信贷资金的成功率。"民生银行小微金融事业部有关负责人表示，小微企业的发展与金融支持的不平衡成为限制小微企业持续发展的重要因素，厘清小微企业的融资困境成因并提出应对策略，对于增强小微企业的发展活力，助推区域经济发展具有重要的现实意义。

2021 年，该行继续推出小微新模式，目标是围绕小微企业法人和个人客户，尤其是小微企业法人，通过把复杂业务简单化、线上化、自动化，来"降维"综合服务客户，构建差异化竞争优势，最终成为中小微客群的主办行。

为继续深化小微新模式，近期民生银行对此做了一系列战略规划。

一是通过"降维"综合服务为客户持续创造价值。首先是搭建"5+1"降维综合服务体系，具体包括结算、融资、生态 SaaS、权益等 5 个产品服务系列，加 1 个客户服务端口民生小微 App。其次是发挥"微信小程序+小微 App"组合优势，微信小程序是轻量化获客和员工协同转介营销利器，小微 App 则更关注存量客户的经营提升。最后是全力打造小微贷款线上化生产线，重点是"民生惠"信用贷产品、抵押线上化和"蜂巢计划"标准业务线上化。

二是处理好小微信贷的三个关系，构建可持续发展的信贷结构。现阶段的小微信贷市场充满了挑战，同时也充满了不确定性。首要是处理好个人信贷与法人信贷的关系，法人端是小微能力提升的重点，个人端需重视个体工商户，以及社区支行周边商户、农户的开发。其次要处理好抵押与信用的关系，抵押方面要加强资金用途的管理，确保真小微、真用途，信用方面要掌握客户更多的行为数据，便于提前识别和防控风险。最后是处理好标准信贷与复杂信贷的关系，利用"蜂巢计划"提升全行小微精确细致的规划能力，同时也要提升小微客户经理处理复杂信贷的能力。

除了战略规划，团队管理也至关重要。民生银行打造了具有"铁的意志、铁的风控、铁的纪律"的小微铁军队伍。一是加强中小微客户经理团队建设，加强分行腰部力量建设，强化小微部管理力量和规划能力。二是持续强化机制建设，为业务高质量可持续发展提供重要保障。三是强化企业划型治理，分行要根据名单对地方融资平台、房地产等特定类型中小微企业贷款予以四要素专项核实、排查，视情统一调整，强化合规管理。

不同于纸媒时代，在智能移动媒介高度发展的当下，酒香也怕巷子深。为了让市场更好地了解到民生银行的小微金融服务，民生银行也逐渐注重加强品牌宣传。近期民生银行结合抖音、凤凰网、高铁传媒、户外大屏等多种渠道，加大了民生小微15周年系列品牌活动的曝光度。

面向未来 重新出发

对于未来小微业务如何发展，民生银行已有清晰的规划布局。

2021年以来，内外部经济、金融环境都发生了很多根本性变化。从民生银行来看，对外，小微业务的竞争异常激烈，线上化、智能化对传统专属团队的线下优势产生了巨大冲击；对内，民生银行启动全面改革转型，确立"民营企业的银行、敏捷开放的银行、用心服务的银行"三大战略定位新内涵，需要小微板块因时而变再定位。

正所谓，知己知彼，百战不殆。小微业务面临激烈的竞争格局，也应该有明确的应对策略。

关于下沉市场，民生银行小微业务面对地方法人银行，要取长补短，复制其区域特色，上升到总行、推广到全国。2023年推出的"蜂巢计划"也正是这一重要打法的体现。面对互联网金融，一是提升数字化能力，包括数字化营销能力；二是要有针对性地设计产品，争夺其头部客户。

"以数字化金融来服务中小微企业，是整个金融行业的大势所趋。"民生银行有关负责人认为，小微业务只有"集中力量"，聚焦在数字化、线上化、综合服务、信贷模式和一个民生等方面持续发力，才能实现差异化竞争优势。

除了运用技术来改善普惠金融的中小微企业服务之外，中小微企业更需要的是金融机构的长久陪伴和共同成长。"与民企心手相牵，是时代的剪影，更是民生银行 20 多年来的经营理念。我们将始终坚守'民营企业的银行'战略定位，用心用情陪伴客户成长。"民生银行小微金融事业部有关负责人说。

◈ 品牌手记

品牌厚度是对长期坚守的回报

在一个充满浮躁和诱惑的年代，企业追赶风口、更换赛道是常有的事，也并不是每一家企业都能坚守初心，朝最初的方向奔去，往往随着赛道的更换，品牌底色也将逐渐褪去。

然而，中国消费者偏偏热衷"老字号""老品牌"，因为它们在产品质量、品牌声誉、企业文化、创新营销等方面具有优势和特点，能够满足顾客的需求和期望。

或许是深谙品牌发展的真谛，民生银行分别在 2008 年和 2013 年躬身入局小微金融和社区金融，十多年来，日复一日做着"难而正确"的事。

常言道，"不忘初心，方得始终"，用这句话形容民生银行十分贴切。在中国经济金融转型变革的大潮中，该行把脉方向、聚合资源、创新求变、探路前行，坚守小微金融战略定位，始终坚持服务实体经济。近些年更是深入企业、扎根市场，将贴身服务小微企业作为常态行动，多年以来坚持走进各类市场、园区、商圈、商协会，将普惠政策及产品切实送至小微企业及普通老百姓身边。

民生银行与民营企业"同根同源"，拥有市场化体制机制等独有优势，一直坚守"民营企业的银行"战略定位，以更好的产品、更优的服务、更高的效率，满足市场和客户需求。该行将持续优化金融产品和服务等，坚持服务产业结构优化升级，在制造业、小微企业、绿色金融、乡村振兴等重点领域持续发力，不断提升市场形象和品牌声誉。

若要说民生银行的品牌崛起的关键之处，笔者认为，那便是用心用情与真诚陪伴的力量。二十几载光阴里，一批又一批小微企业与民生银行携手前行，这些企业从无贷到有贷，从初创到成长，带动一批就业、繁荣一片区域，甚至影响一个行业。一点一点梦想的星火，汇聚成时代蓬勃发展的火焰，共同点亮新时代的未来。

作者简介

肖世清，每日经济新闻记者。财经媒体从业时间 3 年有余，长期追踪金融监管动态、银行领域报道。擅长调查报道、人物专访、财务数据分析等，撰写多篇报道引起金融监管机构关注。

愚公移山：
博纳影业的
品牌成长"恒道"

宋德萍　丁舟洋

品牌档案

博纳影业（SZ 001330）

品牌价值 50.62 亿元

2023 中国上市公司品牌价值新锐榜 TOP11

2023 中国电影行业上市公司品牌价值榜 TOP3

（数据来源：每日经济新闻和清华大学经济管理学院中国企业研究中心联合发布 2023 中国上市公司品牌价值榜）

谁能想到一家小公司，能在 20 多年间，成长为中国电影行业的领军企业。

靠的是什么？是改革开放的时运，是敢立宏图的雄心，是脚踏实地的奋斗，是无论顺境逆境都锲而不舍、坚守主赛道的韧劲儿，是在变化的市场环境中坚持守正创新的能力。

博纳影业的品牌关键词是"愚公移山"。它代表着民营企业家在改革开放浪潮中的一种时代精神。愚公移山，主题思想即恒道。愚公的"理"，非等闲之论，是知"山之大，人之心亦强大"之理。有志气、自成、精诚之心，所以愚公敢发大愿、敢立大志，形成坚定不移的信仰，在寒来暑往的搬石运土中，实现理想。

博纳影业也是彰显中国经济活力的品牌案例。愚公不愚。从企业到个人，为什么要树雄心？为什么要勇于迎接机会和挑战？为什么要坚持不懈？博纳影业的品牌故事就是答案。

引子

一家企业的成长史与其创始人的性格、气质和价值观，乃至他所经历的人生，往往密不可分。

博纳影业的成长史，也是一个品牌成长的浩荡史。要理解这家企业和它背后的品牌力量，就得从这家公司创始人的故事说起。

博纳影业集团董事长兼总经理、中国电影家协会副主席于冬，曾经是北京电影学院招收的第一届电影发行管理专业本科生，也是北京电影制片厂第一批提干的青年员工，还是中国电影发行市场向民营企业开放后，第一个拿到电影发行牌照的企业家。他通过港片发行将博纳推向了国内一流电影发行公司的位置，并与香港导演合拍主旋律商业片，又带领企业登陆纳斯达克，成为第一家在美国上市的中国影视企业，而后又在中国电影的寒冬期，回归A股。他敢于冒险拍出不一样的主旋律影片《智取威虎山》，又拿出"压箱底"的钱拍出目前仍位居中国影史票房第一的电影《长津湖》……

商品和劳动产量的大小，取决于把诸生产要素结合在一起的效率和想象力。

从东拼西凑30万元白手起家创业，到2023年12月底，博纳影业已有超百亿市值，累计出品发行290余部电影，累计票房超600亿元。公司成立20多年来所取得的成就，无疑提高了中国民营影视企业的效率，拓宽了中国民营影视企业想象力的空间。

而愚公移山的精神和勇气，始终贯穿于博纳影业的品牌成长之道。

敢闯、善为、争先

品牌的本质是打造能在消费者心目中留下深刻印象的超级印记，形成自己在市场中独具的魅力与独特的竞争优势。

而品牌文化的终极体现，就是企业文化。事实上，一家企业从诞生的这一天起，就逐渐形成自己的文化了。不存在没有企业文化的企业，只存在企业文化强弱程度不同的企业。一个具有强文化的企业，大都是企业创始人鲜明的个性特征使然。

他喜欢当"第一"

于冬喜欢当"第一"。他曾骄傲地对每日经济新闻记者回忆，上学时，他第一批入队、入团、入党。读大学，他考入北京电影学院，是北京电影学院招收的第一届电影发行管理专业本科生。从北京电影学院毕业，于冬进入北京电影制片厂工作，是第一批提干的青年员工。中国电影发行市场向民营企业开放后，他的企业也第一个拿到牌照，编号 001 号。放眼全国影视界，他是电影公司里第一个学电影出身的企业创始人……

"我是一个文艺青年。"于冬说，"我姐姐特别喜欢买《大众电影》期刊，每期出来总会带回家来，我们抢着看。投票大众电影百花奖时，我们还讨论最后选谁。我小时候肯定投过刘晓庆主演的《小花》。"

这种对故事的痴迷，流淌在于冬的血液里。只要言及具体的电影故事，他就会精神抖擞。生于 20 世纪 70 年代初的他，对英雄人物的故事情有独钟。大学时，他曾是校园里风靡一时的"文艺名角"，有"拿手好戏"——评书。如今采访时，他还能向记者完整讲述三国名将赵云的传奇一生，且表达抑扬顿挫、铿锵有力。

《上甘岭》《英雄儿女》《林海雪原》这三部革命英雄主义的黑白电影，更是在于冬心中留下了不可磨灭的记忆，也为博纳影业日后的发展轨迹埋下了伏笔。"小时候我随父亲去北京电影制片厂礼堂观看的第一部电影就是刘沛然导演的黑白片《林海雪原》。几十年过去了，记忆依然清晰，感动依然存在。大学期间，我在校园艺术节里表演评书《武松打虎》，还拿了二等奖！"

在思潮萌动、万物复苏的 20 世纪 90 年代初，电影学院给了文艺青年迅速接近电影的机会。于冬如饥似渴地投入进电影的海洋。"最难忘的经历就是上学期间我看过 2 000 多部影片。电影作为精神文化食粮，在大学四年间给我源源不断的养分，我从中悟出了一些人生道理，对我的人生产生了深远的影响。同时，年轻时这么多的阅片量也为我以后选剧本选片投资夯实了艺术基础。"

犹记得刚入学的第一课，便是《电影技术概论》。这堂课开启了于冬的电影人生，让他明白，故事和技术是电影的两翼，缺一不可。每一次技术的革命，都会相应地带来电影质量的提升。剧场效应是电影产业的生命线，对技术的有效运用，能让电影故事走向纵深。

曾有一位老朋友这样形容于冬：他赤诚地尊敬文化人，这样的人不论怎么怠慢他，他期间不管怎么不舒服，最后还是会有求必应。

金牌推销员

20 世纪 90 年代，是中国电影行业最惨淡的时候。

从电影学院毕业，揣着满腔热情的于冬，一毕业就饱尝坐冷板凳的滋味。

最初，他是北京电影制片厂（简称"北影厂"）的一个普通发行员。当时号称"亚洲第一大厂"的北影厂日子也并不好过。

那时候中国电影发行还是实行"统购包销"——电影制片厂拍完电影都卖给中影公司，中影给每部电影预付 100 万元，再根据卖拷贝①的数量跟制片厂结账，一个拷贝 10 500 元，多退少补。

这种体制弊端明显：大批粗制滥造的小成本电影涌现，制片厂花二三十万元拍部电影，交给中影，拿回的钱基本发工资了，没钱再拍片。烂片扎堆，拷贝自然不好卖，又进一步造成了版权的低迷。

整个国内电影行业陷入恶性循环，很多影院关停并转。

"当时，国产影片产量非常低，年产故事片 80 部左右，很多电影院改成股票大厅、迪厅、二人转的舞台，电影行业是非常没落的夕阳行业。"于冬回忆道。

20 世纪 90 年代中期，发行员的主要工作是跑全国各省市的发行公司和影院。与现在院线和发行公司固定的分账模式不同，于冬说："过去是要靠订拷贝卖钱，基本上每去一个地方就是喝酒，一杯酒就订一个拷贝，就是 1 万块钱。你多订我几个拷贝，我就多喝几杯酒。"

当时香港地区的电影和进口大片一统天下，国产电影日子难过。作家陈染的《与往事干杯》，由导演夏钢拍成电影，片子很好，但属文艺片，不好卖。于冬在全国跑了一圈，山西省就要了一个拷贝。

于冬不甘心，拿着这一个拷贝到了山西太原的一家影城。那时候没有更多有效的宣发手段，于冬跑到电影院门口发传单，有人随手扔掉，于冬赶紧捡起来。"掸掸

---

① 拷贝是英文 Copy 的音译，原意是"复制""复本"。电影业中用以指一部影片摄制完成后，从底片（包括画面和声带）上复印出供放映的正片。

土，再发下一个人。"这一个拷贝，在山西太原影院放了两个半月，独家放映，创造了将近 40 万元的票房。这也让于冬在全国电影发行圈里一战成名。

凭借这种聪明、勤奋和极强的业务能力，26 岁的于冬成为北影厂有史以来最年轻的副科级干部。

于冬的老领导，北影厂原厂长、中影集团原董事长韩三平在很多年后依旧高度认可于冬在工作中的拼劲儿。"于冬是一个有情怀、讲义气、做事认真勤奋的电影人。"

电影虽少，宣发虽难，市场虽冷，于冬背着电影拷贝全国推销的日子给了这个热血青年从一线观察市场的窗口。他发现，观众对好的电影内容是有需求的。无论是《与往事干杯》，还是后来的《泰坦尼克号》《英雄》，这些在当年创造票房奇迹的影片坚定了于冬与电影同行的信心——只要有好电影，观众就会来。

"就这么一点一滴地，看到了市场的变化，看到了观众对好电影的需求。自己也很满足。"

一个"不安分的灵魂"

"26 岁当科长，我算着我到 50 岁起码应该当一个局级干部了吧。"于冬自嘲道。

然而，于冬的美好畅想在 1999 年戛然而止。北影厂和其他几家影视单位一起并入中影集团，中影集团重新安排干部，小于冬两届的师弟取代了他的位置。"把我引以为荣的副科长也给撸了。我彻底绝望，决心出来创业。"

20 多年后，于冬再回首看自己下海创业、自办发行的这个决定，表面上是因为副科长升科长这一步没有了希望。实际上，他已经意识到，中国电影积攒了一股力量，即将走上快速发展的轨道。

"不安分的灵魂"让企业家在逆境时看见希望，在顺境中预见危机。只要给他们打开一扇机会的窗口，他们就想奋斗、想创新。

"金牌推销员"出来单干了，彼时，很少有民营公司愿意做发行，每年拍的国产影片绝大多数躺在片库里。初创博纳的于冬看中的"第一单"，就是王志文和江珊主演、黄建新导演的电影《说出你的秘密》。

为了拿下这部电影的发行权，于冬拼上全部身家。"我用 120 万元买下这部投资 400 万元的电影的发行权。我东拼西凑借了 27 万元，我自己存了 3 万元，总共 30 万元，全部拿出来当购片定金。"于冬说，"那 3 万元是我准备娶媳妇的钱，最后都放在做公司上了。"

"但这个片子卖出了 1 000 万票房，我净赚 50 万元。"于冬脸上藏不住笑意。这成了于冬初创博纳的"第一桶金"。

与此同时，中国电影体制的改革也在持续进行，且方向明确，就是向市场化转型。2001 年，五个关于电影体制改革的重要文件相继出台，内容简单概括就是：允许民营公司独立投资拍摄电影；著作权与著作权人从原来必须归属电影厂，变成允许民营公司独立出品；允许民营电影院的建立；允许民营公司独立发行电影……就这样，博纳拿到了全国第一张发行牌照。

早在 2003 年，《中华人民共和国电影产业促进法》就已开始酝酿。亲历了这部法律立法发端的原国家广播电影电视总局副局长张丕民对《每日经济新闻》记者说起这段往事："这部法律的名字，我们讨论很久，最后确定了两个关键词——产业、促进。产业是属性定位，促进是保障措施，这进一步说明了中国电影的改革还在路上。"

把电影定义为产业，非常了不起，决定了中国电影的方向。改革浪潮向电影人奔涌而来，给了勇于起舞的民营企业家们屹立潮头的机会。

博采众长、海纳百川

"博采众长、海纳百川"是博纳影业公司名称的直观概括，也是博纳影业这个品牌在激烈商业竞争中的立足之道。

提到博纳影业，就会联想到香港地区的电影人。因为与香港电影人合作，博纳影业得以在圈内声名鹊起。直至现在，博纳影业与香港电影人的渊源也非常深，业内评价于冬几乎是将香港电影人脉一网打尽。港片发行将博纳推向了国内一流电影发行公司的位置；而后与香港导演合拍主旋律商业片，更是为博纳影业筑起了一道独特的护城河。

"搞发行，信任和信用非常重要"

1991 年，《妈妈，再爱我一次》赚足了观众的眼泪。香港制片人文隽看过该片后，萌生了一个念头：为什么自己不能拍一部朴实、简单、感人的低成本电影呢？

2001 年，由文隽监制、制片的《我的兄弟姐妹》上映。"兄弟姐妹原本是天上飘下来的雪花，谁也不认识谁。但落地以后，便融为了一体。结成冰，化成水，永远也就分不开了。"影片一开始的独白道出这是一部讲述亲情纠葛的故事。

"与于冬的合作，更像是一段无心插柳的佳话。"文隽说道，"我其实很幸运，我投拍的第一部影片就找到了于冬。"

"第一次见到于冬是在北影厂的一个视听间，一位朋友请于冬来看我们的片，当时博纳刚刚成立，只发了黄建新导演的一部片。我记得当年的于冬还是个小伙子，他拿出笔记本，坐在视听间后面一个角落，默默在做笔记。"这是文隽对于冬的最初印象。

正是这一次碰面，让文隽与于冬有了合作的机会。至今《我的兄弟姐妹》仍被于冬认为是对博纳有着里程碑意义的电影："它考验了我的眼光和判断力，营销策划都对路。"

导演俞钟是新人，主演是崔健、梁咏琪，是歌手。投资人是香港电影人文隽。怎么宣发？

于冬同时在 20 多个城市媒体上做宣传，号称该片是"2001 年的催泪核弹"。并且与各地发行公司协调档期，打破"胶片拷贝时代"各地轮流上映的传统排片模式，使电影同一时间上映。总投资成本 200 万元的《我的兄弟姐妹》，最终在内地获得了 2 000 万元票房。文隽 200 万元的投资，获得了 700 万元利润，回港后他到处给于冬"做广告"，还拉他参加香港金像奖"亚洲新力量"论坛。

于是，便有了于冬在论坛间隙向施南生递名片那一幕。

香港电影界德高望重的大姐施南生，是博纳影业的又一个"贵人"。"那时我刚发行完《我的兄弟姐妹》，施南生在主持论坛，论坛的茶歇时我给施南生递名片，我说我是内地做电影发行的。后来她在寰亚做执行董事时拍了一部香港片《老鼠爱上猫》，内地很多公司要去抢着做发行。她说，我们不要走老套路，不如试试让于冬来发行。结果成绩很好，之后所有香港电影公司都来找我。"

后来博纳影业引入风投资本，酝酿美股上市时，施南生也予以大力支持。因为她的缘故，于冬得以结识徐克，有了以后的合作。

施南生为什么愿意帮于冬？

"搞发行，信任和信用非常重要。"于冬一直记得施南生这句话。为了能给香港电影公司交出清晰的票房报表，他采取了最吃力的"老办法"：一家一家影院去统计。"不像现在用电脑统计，2003 年的票房日报我们都是手写后传真出去。不管多晚，我们都把平均票价、场均人次统计出来。后来他们就根据我们给的数据画曲线来分析内地市场。"

"最让她感动的是博纳买完他们的片还能分钱给他们。"于冬认为，"他们以前和一些内地电影公司合作，从来没拿到过一毛钱，但博纳分账给他们，都是几十万、上千万的分。对于当时我们这么一个小公司来讲，千万元是很大一笔钱了。"

"品牌+人脉" 就是生产力

2002 年，经文隽的大力推荐，于冬得到了动作大片《天脉传奇》的内地发行权。彼时，这类大制作一般不会交给民营公司来发行。

于冬为表决心，与合作方签下了"保底分账"协议。他先是拿出 400 万元给合作方作为保底，随后答应在电影公映后再给对方 35% 的票房抽成。

当时这样的大片一般都交给中影集团这样的国有电影公司发行，因此，"抢了生意"的博纳影业在发行时遭到"反攻"，中影集团引入好莱坞大片《蜘蛛侠》在档期上对该片进行"前后夹击"。

于冬给时任国家广播电影电视总局电影局副局长张丕民写信陈述这一情况，最终电影局出面协调，给了于冬一周的空档期。"血本全押上了，那一战我要是打输了，倾家荡产。"于冬说。最后仅用了一周时间，《天脉传奇》就"抢了"近 3 000 万元的票房，位列 2002 年度票房榜第七。

与香港电影界彼此的信任，就这样积年累月地建立了起来。香港的影视巨头英皇、寰亚等再发行重磅影片，也拉上博纳一起。

随后，于冬几乎垄断了香港电影在内地的发行，《无间道Ⅲ》《双雄》《头文字 D》等一部部大片都交给了博纳。于冬甚至对一些香港公司的影片采取了全年整包的模式，在影片还没有制作的情况下买下对方全年的影片发行权。同时，内地的一些优秀影片也首选博纳来发行，比如《孔雀》《一个陌生女人的来信》等。

随着内地票房市场持续走高，香港制片方要求的票房保底额也越来越高。"我当时就想既然我保底都保这高了，干脆我投这个戏算了，我还拥有内地的版权。"自那时起，博纳不再单纯满足于电影发行，而是开始向电影产业的上游——投资和制作延伸，并投资拍摄了第一部影片《美人草》。

问及于冬总结的"人脉"秘诀，他说："重情义。关键时刻要舍得眼前的利益来帮助业内的朋友。博纳的兴起靠的是业内朋友的支持。"

做生意如做人，与人合作一回就会多交一个朋友。

人脉，是他闯荡多年积累下来的一笔财富。"品牌+人脉"，也是生产力。为了谋求院线的支持，博纳一度与有影院的保利集团旗下公司合作，合资公司保利博纳一成立，于冬做的第一件事就是品牌建设。他设计了一个 27 秒的片头，从《新警察故事》开始，保利博纳发行的所有电影都会挂上这个标识。"这是对观众的一种承诺：挂标的电影质量是有保证的。"

比渴望成功更重要的是耐心准备

与香港电影人的合作，也并非每次都赚钱。

因发行王晶导演的电影《财神客栈》，于冬与王晶建立了相互信任。"后来于冬斥巨资投拍了王晶导演的《大上海》。《大上海》其实是赔钱的。如果换作别人，可能就不再与王晶合作了。但于冬坚信，王晶在商业电影上是有能力做好的。所以后来才有了博纳影业与王晶合作的卖座系列影片《澳门风云》。"文隽称，"有耐心，有眼光，这是于冬与香港电影人的相处之道。"

在于冬看来，香港电影人是最能"适者生存"的一批电影人。"香港电影经历过辉煌时期，也经历过市场萎靡的惨淡时候。他们与生俱来的学习能力和生存能力很强大，他们的精神是永不言败，不服输，失败了还可以再来。"

"区别于华谊兄弟绑定冯小刚，光线传媒主打青春片，博纳影业与香港导演深度合作，找到了类型片的突破口，走出了一条不一样的路。"文隽说。

"在合作过程中，于冬不对导演指手画脚，但绝不放任给钱。拍电影不是买东西，光凭有钱就行。如果做电影只要有钱就一定稳赚，那香港最有钱的李嘉诚，早就把电影行业垄断了。拍电影每一部都得摸着石头过河，不断积累经验，找到靠谱的人，拍靠谱的项目。不是每部电影你要多少钱，我都满足你，这部电影就一定能成。不是这样的，要小心翼翼地，对每个项目都谨慎地投资。"文隽一边思索，一边道出了博纳影业的"生存智慧"。

比渴望成功更重要的是耐心准备。

文隽常言，如果没有热爱电影的这颗心，也没有长远作战的打算，还是别做电影。输了两三局就离桌的人，永远和不了牌。只要你喜欢电影，不离桌，总有和牌的一天。

这个价值观，于冬亦深以为然。

电影《桃姐》里有这么一个场景，刘德华饰演的制片人拉来洪金宝、徐克扮演主创人员，为了电影预算争得面红耳赤，旁边的"投资人"只好打圆场："两位大佬，别吵了，既然预算已经超了，那我就再加钱吧。"

客串"投资人"的就是于冬本人。他也是《桃姐》货真价实的投资方。

《桃姐》里他的那一句台词也与现实中的他成为"互文"。为筹齐投资，刘德华为该片四处奔走，最后找到了于冬。

成全合作伙伴，也是成全自己。2012 年的第 31 届香港电影金像奖，《桃姐》包揽最佳影片、最佳导演、最佳编剧、最佳女主角等五大奖项，成为当届的最大赢家。

每年香港电影金像奖结束后，都有博纳的庆功宴。20 多年，博纳一共获得了超过 75 座金像奖奖杯。这些双赢，增强了香港电影人的信心，也为后续现实题材的合作融合打下基础。

熬过长冬如许

2010 年 12 月 9 日，博纳影业集团登陆纳斯达克，成为第一家在美国上市的中国影视企业。

当时的敲钟仪式上，38 岁的于冬意气风发、热泪盈眶。但紧接着来的就是冰冷的现实——美股上市首日，博纳影业的股价自开始交易后就破发，半小时内从 8.49 美元跌到 7.2 美元。收盘时已经跌至每股 6.58 美元，较发行价下跌 22.59%。

在美国资本市场的"水土不服"还在继续。博纳影业之后几年的影片《龙门飞甲》《窃听风云 2》《智取威虎山》等均在票房上大获成功，但其在美国的股价却一直萎靡，市值最高时仅有 60 亿元。而彼时随着国内电影市场的蓬勃发展，其同行华谊兄弟、光线传媒在资本市场上风生水起，2015 年市值最高时分别达到 800 亿元和 576 亿元，博纳影业与两者相差约十倍。

起了个大早赶了个晚集

纳斯达克上市当天 500 字的演讲词，于冬直到敲钟前 15 分钟才改完。

于冬曾公开表示，选择在海外上市的目的不单纯是融资和多拍几部电影那样简单，而是要尽快地用国际化的标准让博纳影业与国际接轨，并推动中国本土电影产业的发展。

可让他意外的是，博纳影业在美股很快遇到了滑铁卢，上市首日即破发。惨淡收市后，博纳官方微博发文："收市了，今天的股价有点令大家失望，没有关系，中国电影市场需要的不是短期的投机行为，更欢迎的是真正有信心并愿意见证中国电影未来成长的投资者。博纳加油！中国电影加油！"

博纳影业没有灰心，希望通过实实在在的票房来打动美国投资者。之后几年，博纳影业参与发行、制作或投资的电影稳定盈利，但华尔街似乎并不在乎，博纳影业的股价依然"跌跌不休"。

赴美上市 5 年，博纳影业有太多无奈的"错过"，其中缺乏资本助力是于冬心中无法抹去的隐痛。至于市场对博纳"融资难"的解读，于冬直言，公司并非融不到钱，而是必须考虑其引入投资者之后，控制权被削弱从而带来公司被做空的风险。

"我们在美国上市基本没有融到多少钱，一共融到了 9 250 万美元，就是不到 1 亿美元。不当家不知柴米油盐贵，不包含业务支出，博纳这 5 年平均每年花销 1.2 亿元，相当于一个季度支出 3 000 万元。这里面包括人员工资、社保、银行利息、上市公司的维护费、审计费、律师费等。"

"除此之外博纳平均一年交税都要 1 个多亿人民币，就是营业税跟企业所得税两项。2015 年博纳的营业税是 1.2 亿元……"

这些账目和数字，于冬脱口而出。

而博纳影业在中国资本市场消失的五年又做了些什么呢？制片方面，拍了 60 多部电影，每部平均投资在 5 000 万~6 000 万元，这一块就是约 30 亿元的投资。除此之外，还自建了 30 多家电影院，平均每家电影院投资 3 000 万元，影院投入共计 10 多亿元。

1 亿美元的融资显然不够覆盖这些支出。于冬透露，这些资金的来源都靠博纳良好内生增长的运营能力和盈利能力。

回过头来，于冬觉得，去美国上市也不能说是错误。"只能说是对美国市场懵懵懂懂，或者说是抱着一个理想主义的梦想，到美国去融资，觉得那个是真正的金融中心、电影中心，带着这样一个为国争光、争气的理想。"

但与国内资本市场彼时的热闹比起来，身处纳斯达克的博纳影业，感受到的是孤独与寒冷。"美国投资人眼中只有好莱坞，博纳的观众和市场还是在中国，所以这让博纳体会到在国外的孤独。从而也错过了国内电影市场蓬勃发展的阶段，相当于起了个大早赶了个晚集。"

那时候的博纳非常落寞

在美国资本市场的这几年，是博纳影业颇感落寞的几年。

2013 年的冬天，中国电影市场充斥着流量明星主演的、网文改编的玄幻盗墓题材电影。这是博纳影业不愿意去触碰的。它的老本行香港电影发行，也遇到了瓶颈。

"一部古天乐电影卖了，哗，一堆同类题材重复，没有创新，这时候香港电影突然在内地不受欢迎了，大明星也不好使了。"于冬那时候常常和王晶探讨，"你看你拍一部烂三部，因为有人给你钱，你就去拍了，拍了觉得不好了回来又找我，又拍一部好的，然后很多人又追着他投资。那时候资本也疯狂，只要有明星，有大导演就给钱，市场也容易找钱。这个时候博纳是非常落寞的。"

市场一窝蜂地抉择，不一定就是好的商业抉择。

所谓品牌战略眼光，不是什么热，就跟风做什么。要知道很多时候，热就是冷，快就是慢，企业最忌讳的就是盲目跟风。

高价收购网络文学影视改编权风潮正盛的十年前，于冬对那股热潮不以为意，当听到香港导演徐克聊起红色经典《林海雪原》的改编重拍时，他心中的雷达动了。

于冬听说，徐克一直有《智取威虎山》"情结"。这源于 20 世纪 70 年代，徐克在纽约唐人街打工，给影厅放电影，放得最多的就是样板戏《智取威虎山》，很多华人都喜欢看，也深深吸引了徐克。

"它讲述一个卧底匪窝的军人和土匪斗智斗勇的故事。情节紧张惊险，非常刺激。"徐克回忆。1977 年徐克返回香港，他很快找来《林海雪原》的原著，发现这个剿匪故事不仅格局宏大，而且人物有真实原型。就此，《智取威虎山》在他心中扎下了根。

到了 1990 年，徐克到内地发展，在上海他跟谢晋导演碰面。谢晋问："你到内地来想拍什么？"徐克脱口而出："我想拍《智取威虎山》的故事。"谢晋吓一跳，说你为什么会喜欢这个题材的故事？徐克说，这个故事好看，孤胆英雄、深入虎穴，这就特像武侠电影的英雄梦想。谢晋说了一句话："一定要拍！我支持你。"

2008 年，84 岁的谢晋导演去世。徐克对拍《智取威虎山》念念不忘，这是他的个人夙愿，也为了兑现对前辈的承诺。后来与于冬谈起，两人一拍即合，由博纳影业主投、由徐克导演，拍摄 3D 版《智取威虎山》。

山穷水尽出高手

然而，重拍《智取威虎山》也是一着险棋。

面对一个心动的题材，却被很多人告知拍摄这个题材，有这个不可能，有那个不可能，无疑是件心塞的事。决定拍摄新版《智取威虎山》之前，徐克和于冬就遇到了各种各样的阻力，类似于经典之作难以翻拍，香港电影人把握不好红色主旋律尺度，影片与现代人有隔阂，等等。然而，面对无数的"不可能"，徐克和于冬却选择了"明知山有虎，偏向虎山行"。

如果说，拍摄前还只是屡遭"不可能"的否定，那么《智取威虎山》开机后，遇到的困难甚至比拍摄前还要大，因为连老天爷都来跟他们说各种"不可能"了。

茫茫林海雪原里未知的困难，是这版《智取威虎山》的另一处"险"。徐克坚持要到极寒之地的东北雪乡去拍。他坚信环境是最好的导演。

在东北开工期间，徐克为每个工作人员都准备了一个哨子，一旦有人意外陷入雪坑，吹响哨子求救，全组人便会立刻停工救援。在零下 30 摄氏度的冰天雪地中，全组人员每天都是绷紧了神经开工，用大灯烤着摄影机以保证正常拍摄。

那时的徐克只能咬紧牙关，在自己的工作室里写下了"山穷水尽出高手，九死一生见功夫"的毛笔字加以自勉。

"我当时的要求是圣诞节上片，倒推时间，只给徐导七个月的后期，所有的技术，都要同步进行完成。"于冬说，当看到该片口碑票房双丰收时，于冬感慨万千，"我们是咬着牙坚持挺过来的，最后才能把这样一部戏呈献给观众。"

2014 年年底至 2015 年年初，博纳影业出品的《智取威虎山》在那个冬天表现火热，但与此同时，该公司股价却在纳斯达克跌到谷底。

2015 年 6 月 12 日的下午，距离美股开市前的两个小时，于冬突然作了"私有化"的决定。博纳影业公告宣布，其董事会已收到来自董事长于冬、红杉资本及复兴国际的私有化要约。完成私有化后，博纳影业从美股退市，解除 VIE 架构、踏上回归 A 股的征途。

"有人问我说，哥们你想好了吗，为什么现在才通知我们，都下班了，我说就这样了，今天晚上做吧。其实这个决定是我做了很长时间的一个考量。《智取威虎山》让我下定决心回 A 股，在美国上市的 55 个月里，博纳影业没有一个季度是不盈利的，但我们的价值被严重低估。"于冬说。

谈及美国上市的经历，尽管结果并不如愿，但于冬认为美股上市帮助博纳影业建立起类似于好莱坞现代化大制片厂的制度，也练就了在资本寒冬中生存的能力。

于冬说："《智取威虎山》的取景地是大兴安岭雪乡，我自己也是从大兴安岭雪乡走来，一路经历和见证过中国电影低潮期。相比于在资金池里被宠惯的公司，博纳的抗寒能力是经过历练的。"

长期主义信徒

2016 年，博纳影业从纳斯达克退市，为其在 A 股上市做准备，过程异常曲折。2022 年，博纳影业终于核准上市。而这个时候，又是中国电影的寒冬期，与中国资本市场的低潮期……

博纳影业拿出"压箱底"的钱拍出爆款电影《长津湖》，但受到疫情、行业下行等因素的持续影响，博纳影业的盈利可持续问题依旧迫切。

这两年，主旋律市场可能会趋于饱和，故事创作和制作可能会比以前更难。爆款电影还可能会有，但不会像以前那么容易。

拿到融资之后，博纳影业除了延续主旋律生产线，还将进行怎样的内容布局？高质量影片始终是行业的源头活水，电影不仅要提倡主旋律，更要呼唤多样化繁荣。同时，在电影的制作中，要尊重艺术规律、制作规律和经济规律。

拆掉主旋律与年轻人中间的墙

艺术最忌讳说教。这也是徐克拍摄《智取威虎山》的感悟："你为了解释一个概念，可以说教。但是艺术不需要这样。其实我们拍《智取威虎山》没想太多，就是想讲一些人救了最普通的百姓，就是这样简单，不要去附加太多的说教。这群人可爱吗？不需要你说出来，等到电影放映完，观众看到他们的所作所为，就明白了。"

"这是一部主旋律电影，我们的卖点是情怀。"用于冬的话说，"过去的主旋律电影跟今天年轻人中间似乎隔了一道墙，我们试着用《智取威虎山》把这堵墙拆除。"

因为《十月围城》《智取威虎山》这两部影片的成功，从《湄公河行动》开始，于冬有意识地把主旋律基调加强。

"以前我们宣传的时候都怕说主旋律，但这一次我们大张旗鼓地宣传就是拍中国警察，海报上都是'热血报国'这种口号，这是一种文化自信。"于冬说，"而《红海行动》我们更是从一开始就向观众传递信息：这是关于中国强军梦的大片。"

再到后来的《中国机长》《中国医生》《烈火英雄》……这些主旋律电影则立足时代、聚焦当代生活。

于冬回忆起他在新闻中看到四川航空"5·14"事件的图片——挡风玻璃破裂、飞行员制服被撕裂、操作台变形，他的脑海中立刻意识到在 9 000 米高空中发生的那一幕有多么惊心动魄。

"他们就是中国当代的英雄，同时也是大家身边的普通人，但正是他们创造了这个奇迹，挽救了这么多生命，让世界为之赞叹。"于冬说。

"我想到了几个点，特别让我感动。第一，敬畏生命，机上 119 人，机长要把他们安全带回来；第二，敬畏所有的规章、职责，机长的这份责任和 36 个操作的规定动作一个不少。平时他们就是普通人，也有家庭有孩子，刘传健在降落之后，旅客安全撤离之后，工作人员上机对他进行检查，他只拿起手机给老婆发一条短信，'飞机坏了，我很忙，报个平安'，特别感人。我们要用镜头讴歌这样的平民英雄。"

原来主旋律电影叫好又叫座，并且不是昙花一现。从《智取威虎山》到《中国机长》，5 年时间，6 部影片，超 100 亿元票房，主旋律商业大片成为博纳的招牌。

中国电影产业的一次合力托举

但一劳永逸在电影界是不存在的，赚钱的风向标一旦扬起，就会成为新的红海。

2019 年，主旋律电影成为市场主旋律，从春节档的《流浪地球》到国庆档的《我和我的祖国》，主旋律电影遍地开花。同质化的竞争愈发激烈和困难，再做主旋律电影，博纳影业要走新路。

这时候，博纳影业拿出了《长津湖》系列电影。

"其实博纳是要为行业做一件事——升级，把我们开创的主旋律商业电影大片道路，再往前推一步，实现类型突破、美学突破和视觉突破。"于冬说。

而投拍《长津湖》时，也正是中国电影跌入谷底时。拍摄《长津湖》，也是于冬职业生涯里最难忘的事。

疫情给电影业按下了暂停键，漫长的寒冬，冻得原本雄心壮志的博纳影业也不得不忧心生存。"2020 年是电影人最艰难的一年，博纳也不能完全幸免于难。"于冬说，作为一家集投资、发行、院线管理及影院放映业务于一身的电影集团，博纳影院在 2020 年疫情期间，收入微乎其微。

为了自救，于冬一面加大博纳片库的线上销售力度，一面四处恳求业主、开发商为影院减租降租。

面对困难，圈地退守看似是更安全的，因为迎难而上需要驾驭风险和机遇。但博纳影业选择了迎难而上。

"为拍摄《长津湖》，博纳影业可谓九死一生。因为我们投入了太多的钱，企业压力太大，我几乎把能变现的都用上了。"于冬说，超过 2 亿美元的投资，要说没有担心是不可能的。但电影市场的有效恢复需要双向拉动。市场恢复靠头部内容，头部内容的制作要靠头部公司顶住压力，拿出重磅投资的"硬菜"。"大家都没信心了，都开始把资金往回收，而这个时候博纳就是要逆势而上。启动最大项目，用极致的制作来拉动电影市场触底反弹的信心和观影需求的信心。"

最终，《长津湖》第一部票房破 57.75 亿元，问鼎中国影史票房冠军，《长津湖：水门桥》票房破 40.67 亿元，《长津湖》系列票房超过 98 亿元，也是中国影史上票房最成功的系列电影。

看着 12 000 多个工作人员名字在《长津湖》片尾字幕中滚动了 8 分钟，于冬感慨万千："调动了国内近百家特效公司，共同完成了这部影片。"

中国电影长达 10 多年的高速发展背后，实际上是夯实电影业人才基础、技术基础、制作基础和工业基础的过程。这 10 多年来中国电影积累的经验，在《长津湖》

系列中都用上了。《长津湖》系列电影成为中国主旋律电影的一个重要里程碑，实际上是整个中国电影行业的一次合力托举。

同样，相辅相成，从"山河海三部曲"到"中国骄傲三部曲"再到"中国胜利三部曲"，博纳影业致力于推动主旋律电影成为新主流电影，又极大地促进了中国电影工业的成熟。

以今日之我，胜昨日之我，以明日之我，胜今日之我

2022 年，博纳影业在 A 股上市，这是于冬的第二次"敲钟"了。纳斯达克敲钟那次，于冬才 38 岁，时隔 12 年，博纳影业在深圳股票交易所重新上市

于冬感慨，这 10 年是博纳影业切换资本市场轨道的 10 年，也是自己人生中最好的 10 年。这么多年来，博纳影业只专心做了一件事——拍电影，拍好电影。

而博纳影业成功回归 A 股后，于冬也一直在想，主旋律商业片有没有审美疲劳？"没人拍的时候，博纳拍《智取威虎山》，鹤立鸡群。到《红海行动》后，所有公司都在拍主旋律，影视剧也是主旋律。这时候我们推出《长津湖》，就把技术升级、类型、美学都全部升级，达到极致化表达，但也不是所有电影都能拍这么贵。将来怎么办？"

"所以更主要的是电影多元化的问题，我们电影文化是更广泛的人文关怀，还是回到人物塑造、人物描写。"于冬认为。

多元化，也是 2023 年博纳影业片单发布会的关键词。陈凯歌导演的青春题材片《少年时代》、林超贤执导的警匪动作片《爆裂点》、胡玫导演的古典爱情片《红楼梦之金玉良缘》、高群书导演的谍战悬疑片《刀尖》以及唐季礼导演的奇幻动作片《传说》，再加上张之亮执导的古装战争片《阿麦从军》、杜鹏执导的奇幻喜剧片《实习爱神》等陆续登陆电影市场。《红海行动 2》《克什米尔公主号》《枭雄》等全新项目也排入了"即将启动"的序列。

影片类型不同、风格各异，可以说是满足了全年龄层观众的需求。

虽然现在已经是 A 股上市公司，融资难题仍然是博纳影业的瓶颈。疫情过后，对电影行业最大的影响是行业存在资金短缺。

在于冬看来，资本市场对电影行业有一个错误的理解。"他们认为，你今天这个电影好了，明天那个电影不行了，这个行业不可持续、不可复制。我觉得他们恰恰没有理解电影产业。中国电影产业的发展一定是可持续的。我们有 17 亿电影观众，一

人一年看一次电影就是多么大的市场规模。有这么大的观影需求在，怎么会培养不出来伟大的电影公司呢？我希望资本市场给予电影产业更多的宽容和支持，让这些产业除了票房收入，还能有 IP 衍生品等收入，让电影文化带动相关产业继续发展，这都是我们未来要走的路。"

"希望我们专注在创作前沿，而不是总盯着资本的口袋。投资人是拿着钱在做赚钱的生意，哪里赚钱投到哪里去。电影人是把内容做成作品，是个生产过程，当然离不开资本，也需要钱，但不是钱多，钱码钱好电影就能出来的。所以这个过程一定是孤独的过程，一定是艰苦的过程。只有电影产业大盘回流，市场回来，市场主体活跃，资本自然会回来。那个时候可能会有更多的投资主体进来。"这是于冬对同行的寄语，也是对自己的勉励。

🐢 品牌手记

把愚公移山的勇气注入品牌的内核

在我们写作《品牌王道2》时，两位传奇人物芒格与基辛格相继与世长辞。

我不由又重新捧起那本记录芒格智慧的著作《穷查理宝典：查理·芒格智慧箴言录》。不知为何，在读这本书时，我的脑海里总是浮现出相识了20多年的老朋友于冬的样子。芒格有很多看似保守的方法论。对于经营，他说："专注于当前的任务，控制支出。"对于拓展客户，他说："关键是把手头的事情做好，把已经拥有的客户照顾好，其他的自然会来找你。"对于获胜，他说："唯一的获胜方式就是工作、工作、工作、工作，并希望拥有一点洞察力。"

这些都可一一对应博纳影业的经营之道——20多年来深耕主业，把眼前的事做好，创始人始终不离一线，相识于微时的香港电影人一直是相互信任的事业伙伴……

无独有偶，在12月16日，这篇稿子画上句号时，笔者聆听了美中关系全国委员会主席 Steve Orlins 的现场发言。在基辛格去世几周前，他曾做过一场演讲。据 Steve Orlins 回忆，那天基辛格感觉不是很好，基辛格10分钟的演讲过程中，会场安静极了，连根针掉地上都能听得见。"那是我最后一次见到他，我们特别怀念他的智慧。"

概括这位时代风云人物的智慧，Steve Orlins 用了勇气二字。

勇气，何尝不是博纳影业的品牌精神内核。犹如愚公移山，有大志，有恒心，坚持不懈地干下去。智叟曾笑愚公"傻"，就凭你，怎么能移得动山？这种不被看好的冷言冷语，于冬一定也听过很多——在博纳影业初创于冬背着包一家家叩开香港电影人的大门时；在他想联合香港导演重拍红色经典《智取威虎山》，被大数据预测为"不建议投拍"时；在他踏上异常曲折的回归 A 股的资本市场道路时；在疫情期间，电影企业都驻足观望不敢投资，博纳影业拿出压箱底的钱投拍《长津湖》时……

如今，当博纳影业再次喊出，想要跻身世界一流电影企业，与好莱坞巨头掰掰手腕的雄心壮志时，应该也有人心中暗想"不可能"，但熟悉博纳影业的人，读过这篇品牌故事的人，应当不会嘲笑这位"愚公"想要"移山"的勇气。

作者简介

宋德萍，二十多年媒体从业经历，现任每日经济新闻新文化报道部主编。中国新闻奖获得者，四川省、成都市一二三等新闻奖数次获得者，荣获"成都优秀女新闻工作者"称号。

丁舟洋，每日经济新闻首席记者。十年耕耘在一线，在大型公共事件、财经产业报道、调查报道、人物报道中卓有建树。中国新闻奖一等奖获得者。荣获"成都优秀女新闻工作者"称号、四川新闻奖等。

附　表

表1　2024全球上市公司品牌价值百强榜

序号	证券代码	公司简称	国家	行业	品牌价值/亿美元	增长率
1	GOOGL. O	谷歌	美国	互联网	6 163.99	8.2%
2	MSFT. O	微软	美国	互联网	5 428.97	7.0%
3	AAPL. O	苹果	美国	通信	5 005.49	6.8%
4	AMZN. O	亚马逊	美国	零售	3 641.04	35.5%
5	WMT. N	沃尔玛	美国	零售	3 056.41	-3.4%
6	META. O	脸书	美国	互联网	2 688.38	8.3%
7	00700. HK	腾讯控股	中国	互联网	2 674.38	7.0%
8	09988. HK	阿里巴巴	中国	零售	2 096.01	10.3%
9	005930. KS	三星电子	韩国	通信	1 978.83	-15.8%
10	PEP. O	百事可乐	美国	饮料	1 689.14	5.9%
11	CVS. N	西维斯健康	美国	医药	1 519.76	-9.9%
12	7203. T	丰田汽车	日本	汽车	1 493.69	-3.8%
13	BUD. N	百威英博	比利时	饮料	1 297.25	-4.1%
14	COST. O	开市客	美国	零售	1 260.38	6.8%
15	600941. SH	中国移动	中国	电信	1 167.89	25.0%
16	STLA. N	斯泰兰蒂斯	荷兰	汽车	1 138.86	20.3%
17	KO. N	可口可乐	美国	饮料	1 106.68	5.1%
18	HD. N	家得宝	美国	零售	1 101.67	-14.3%
19	VOW. DF	大众汽车	德国	汽车	1 095.50	-20.9%
20	VZ. N	威瑞森	美国	电信	1 013.08	-5.7%
21	T. N	AT&T	美国	电信	1 004.43	-12.4%

表1（续）

序号	证券代码	公司简称	国家	行业	品牌价值/亿美元	增长率
22	MC. PA	路易威登	法国	服饰	983.90	16.5%
23	MCD. N	麦当劳	美国	餐饮	965.92	0.7%
24	MBG. DF	梅赛德斯奔驰	德国	汽车	954.33	-13.0%
25	DIS. N	迪士尼	美国	休闲	901.97	-16.9%
26	BMW. DF	宝马汽车	德国	汽车	893.24	12.8%
27	PG. N	宝洁	美国	日用	888.59	0.5%
28	CDI. PA	迪奥	法国	服饰	886.35	4.7%
29	NESN. SIX	雀巢	瑞士	食品	874.90	5.0%
30	CI. N	信诺保险集团	美国	金融	842.19	7.7%
31	F. N	福特汽车	美国	汽车	828.58	-16.3%
32	DTE. DF	德国电信	德国	电信	826.44	10.2%
33	CMCSA. O	康卡斯特	美国	电信	821.67	-9.4%
34	09618. HK	京东	中国	零售	819.19	14.1%
35	600519. SH	贵州茅台	中国	饮料	815.88	9.1%
36	9432. T	NTT	日本	电信	784.85	-0.2%
37	SBUX. O	星巴克	美国	餐饮	723.90	2.2%
38	BRK_ A. N	伯克希尔	美国	金融	714.84	2.7%
39	7267. T	本田汽车	日本	汽车	707.13	11.8%
40	KR. N	克罗格	美国	零售	700.36	-9.1%
41	2317. TW	鸿海	中国台湾	电子	680.74	-1.6%
42	UNH. N	联合健康	美国	金融	670.64	-2.4%
43	GM. N	通用汽车	美国	汽车	664.22	-8.9%
44	CSCO. O	思科	美国	通信	657.49	-4.3%
45	6758. T	索尼	日本	家电	632.58	-11.9%
46	LOW. N	劳氏	美国	零售	621.31	-16.3%
47	UPS. N	联合包裹	美国	运输	606.52	-12.5%
48	ULVR. L	联合利华	英国	日用	602.79	8.4%
49	SIE. DF	西门子	德国	家电	591.28	-11.1%
50	ELV. N	艾利温斯健康	美国	保健	579.06	-0.4%
51	601398. SH	工商银行	中国	金融	578.27	6.0%
52	JNJ. N	强生制药	美国	医药	559.43	-4.6%

表1（续）

序号	证券代码	公司简称	国家	行业	品牌价值/亿美元	增长率
53	CPG. L	金巴斯	英国	餐饮	550.18	-14.3%
54	TMUS. O	美国 T-MOBILE	美国	电信	539.45	11.2%
55	FMX. N	FEMSA	墨西哥	饮料	535.97	14.4%
56	WBA. O	WBA	美国	零售	534.38	-28.1%
57	2330.TW	台积电	中国台湾	电子	534.32	17.3%
58	005380.KS	现代汽车	韩国	汽车	532.59	-0.7%
59	DELL. N	戴尔科技	美国	电子	515.86	-11.4%
60	DGE. L	帝亚吉欧	英国	饮料	511.95	-15.0%
61	601939.SH	建设银行	中国	金融	510.84	8.0%
62	600104.SH	上汽集团	中国	汽车	498.32	-9.3%
63	ORA. PA	法国电信公司	法国	电信	498.06	-0.4%
64	TGT. N	塔吉特	美国	零售	496.42	-26.6%
65	09888.HK	百度	中国	互联网	490.56	18.5%
66	TSLA. O	特斯拉	美国	汽车	490.11	24.7%
67	JPM. N	摩根大通	美国	金融	473.45	-6.4%
68	FDX. N	联邦快递	美国	运输	472.40	-5.1%
69	PFE. N	辉瑞制药	美国	医药	468.72	-9.1%
70	09999.HK	网易	中国	互联网	466.92	18.6%
71	CAT. N	卡特彼勒	美国	装备	457.06	0.8%
72	ALV. DF	安联	德国	金融	451.90	-14.2%
73	601728.SH	中国电信	中国	电信	449.49	16.2%
74	DHL. DF	德国邮政	德国	运输	449.22	-5.6%
75	601288.SH	农业银行	中国	金融	449.21	14.9%
76	601318.SH	中国平安	中国	金融	432.03	1.3%
77	601988.SH	中国银行	中国	金融	427.91	18.2%
78	000270.KS	起亚	韩国	汽车	426.30	新上榜
79	OR. PA	欧莱雅	法国	日用	424.40	11.2%
80	6752.T	松下	日本	家电	420.51	-5.2%
81	IBM. N	IBM	美国	电子	420.41	-4.2%
82	ROG. SIX	罗氏控股	瑞士	医药	419.59	4.6%
83	00992.HK	联想	中国	电子	417.19	8.8%

表1（续）

序号	证券代码	公司简称	国家	行业	品牌价值/亿美元	增长率
84	ABBV. N	艾伯维公司	美国	医药	414.95	-1.7%
85	000333.SZ	美的	中国	家电	410.75	8.3%
86	TSCO. L	特易购公司	英国	零售	408.82	-30.2%
87	601668.SH	中国建筑	中国	建筑	407.47	新上榜
88	GE. N	通用电气	美国	装备	406.01	-23.8%
89	066570.KS	LG 电子	韩国	家电	404.20	-17.6%
90	HEIO. AS	喜力控股	荷兰	饮料	397.01	-14.2%
91	SW. PA	索迪斯	法国	餐饮	388.89	新上榜
92	CA. PA	家乐福	法国	零售	385.06	-15.9%
93	BATS. L	英美烟草	英国	食品	375.89	-8.8%
94	NKE. N	耐克	美国	服饰	372.33	-12.1%
95	000858.SZ	五粮液	中国	饮料	367.40	新上榜
96	CHTR. O	特许通信	美国	电信	364.02	-1.1%
97	PM. N	菲利普. 莫里斯	美国	食品	360.93	-9.3%
98	9434. T	软银	日本	电信	360.91	新上榜
99	ACI. N	艾伯森	美国	零售	359.91	-15.6%
100	601857. SH	中国石油	中国	石油	359.09	新上榜

数据来源：每日经济新闻和清华大学经济管理学院中国企业研究中心联合发布。

表2　2024 中国上市公司品牌价值榜 TOP100

序号	证券代码	证券简称	行业	品牌价值/亿元	品牌价值增长率
1	00700. HK	腾讯控股	互联网	18 953.89	7.0%
2	09988. HK	阿里巴巴-SW	零售	14 854.86	10.3%
3	600941. SH	中国移动	电信	8 277.10	25.0%
4	09618. HK	京东集团-SW	零售	5 805.79	14.1%
5	600519. SH	贵州茅台	饮料	5 782.33	9.1%
6	601398. SH	工商银行	金融	4 098.35	6.0%
7	601939. SH	建设银行	金融	3 620.40	8.0%
8	600104. SH	上汽集团	汽车	3 531.72	-9.3%
9	09888. HK	百度集团-SW	互联网	3 476.67	18.5%

序号	证券代码	证券简称	行业	品牌价值/亿元	品牌价值增长率
10	09999.HK	网易-S	互联网	3 309.15	18.6%
11	601728.SH	中国电信	电信	3 185.64	16.2%
12	601288.SH	农业银行	金融	3 183.63	14.9%
13	601318.SH	中国平安	金融	3 061.89	1.3%
14	601988.SH	中国银行	金融	3 032.70	18.2%
15	00992.HK	联想集团	电子	2 956.68	8.8%
16	000333.SZ	美的集团	家电	2 911.08	8.3%
17	601668.SH	中国建筑	建筑	2 887.85	15.8%
18	000858.SZ	五粮液	饮料	2 603.86	10.5%
19	601857.SH	中国石油	石油	2 544.92	16.4%
20	PDD.O	拼多多	零售	2 472.87	154.8%
21	002594.SZ	比亚迪	汽车	2 427.74	61.1%
22	600028.SH	中国石化	石油	2 419.24	15.3%
23	01099.HK	国药控股	医药	2 335.07	20.7%
24	600050.SH	中国联通	电信	2 210.92	37.2%
25	000651.SZ	格力电器	家电	1 868.86	11.6%
26	600887.SH	伊利股份	饮料	1 840.19	0.0%
27	600690.SH	海尔智家	家电	1 822.56	−1.4%
28	03690.HK	美团-W	零售	1 744.50	54.3%
29	300750.SZ	宁德时代	装备	1 648.21	113.6%
30	601628.SH	中国人寿	金融	1 597.98	15.3%
31	601390.SH	中国中铁	建筑	1 590.01	18.8%
32	01810.HK	小米集团-W	通信	1 555.27	−30.1%
33	601186.SH	中国铁建	建筑	1 474.88	27.6%
34	000002.SZ	万科A	房地产	1 420.93	−6.1%
35	01958.HK	北京汽车	汽车	1 418.52	18.7%
36	601766.SH	中国中车	装备	1 384.28	10.2%
37	600036.SH	招商银行	金融	1 341.13	−3.8%
38	601919.SH	中远海控	运输	1 314.70	−16.6%
39	02319.HK	蒙牛乳业	饮料	1 310.21	−6.5%
40	300999.SZ	金龙鱼	食品	1 245.42	5.2%

表2（续）

序号	证券代码	证券简称	行业	品牌价值/亿元	品牌价值增长率
41	002352.SZ	顺丰控股	运输	1 229.20	8.7%
42	601319.SH	中国人保	金融	1 206.91	20.9%
43	600048.SH	保利发展	房地产	1 098.47	−0.7%
44	02328.HK	中国财险	金融	1 045.38	13.8%
45	601658.SH	邮储银行	金融	1 033.57	6.7%
46	601328.SH	交通银行	金融	1 026.77	−6.3%
47	000568.SZ	泸州老窖	饮料	1 021.83	19.0%
48	601800.SH	中国交建	建筑	1 019.58	16.1%
49	01109.HK	华润置地	房地产	1 009.68	5.0%
50	03320.HK	华润医药	医药	970.06	22.5%
51	002304.SZ	洋河股份	饮料	953.55	2.2%
52	09633.HK	农夫山泉	饮料	953.14	18.8%
53	600438.SH	通威股份	装备	919.88	38.5%
54	600153.SH	建发股份	贸易	899.41	8.9%
55	601166.SH	兴业银行	金融	899.27	−2.2%
56	00688.HK	中国海外发展	房地产	877.07	−13.6%
57	601998.SH	中信银行	金融	847.45	18.8%
58	00267.HK	中信股份	金融	826.46	11.5%
59	601601.SH	中国太保	金融	815.71	0.3%
60	600839.SH	四川长虹	家电	812.78	39.2%
61	000063.SZ	中兴通讯	通信	786.38	61.6%
62	00552.HK	中国通信服务	通信	777.92	29.7%
63	00960.HK	龙湖集团	房地产	769.02	−14.1%
64	600809.SH	山西汾酒	饮料	767.76	11.8%
65	000625.SZ	长安汽车	汽车	735.71	47.4%
66	601012.SH	隆基绿能	装备	717.68	−0.8%
67	601618.SH	中国中冶	建筑	717.28	19.1%
68	601607.SH	上海医药	医药	711.54	−7.6%
69	601669.SH	中国电建	建筑	692.12	10.8%
70	600938.SH	中国海油	石油	688.01	43.7%
71	00316.HK	东方海外国际	运输	668.44	5.8%

表2（续）

序号	证券代码	证券简称	行业	品牌价值/亿元	品牌价值增长率
72	000039.SZ	中集集团	装备	663.66	−25.6%
73	600606.SH	绿地控股	房地产	661.18	−5.2%
74	000921.SZ	海信家电	家电	656.38	44.1%
75	00291.HK	华润啤酒	饮料	655.28	7.8%
76	601633.SH	长城汽车	汽车	634.28	−14.2%
77	600600.SH	青岛啤酒	饮料	619.57	10.6%
78	600000.SH	浦发银行	金融	608.70	−5.1%
79	601598.SH	中国外运	运输	591.50	5.8%
80	02020.HK	安踏体育	服饰	577.03	−5.1%
81	601727.SH	上海电气	装备	576.35	1.5%
82	000425.SZ	徐工机械	装备	572.04	13.6%
83	000895.SZ	双汇发展	食品	561.26	24.9%
84	002475.SZ	立讯精密	电子	557.83	28.8%
85	601818.SH	光大银行	金融	556.54	6.7%
86	00175.HK	吉利汽车	汽车	555.36	−11.2%
87	001979.SZ	招商蛇口	房地产	544.62	0.7%
88	600612.SH	老凤祥	服饰	540.30	32.5%
89	000001.SZ	平安银行	金融	535.71	2.7%
90	600057.SH	厦门象屿	贸易	531.17	9.2%
91	600031.SH	三一重工	装备	506.10	−20.8%
92	600704.SH	物产中大	贸易	498.20	2.4%
93	600362.SH	江西铜业	有色金属	494.43	3.7%
94	600016.SH	民生银行	金融	493.25	5.8%
95	688599.SH	天合光能	装备	492.04	46.9%
96	600019.SH	宝钢股份	钢铁	490.85	−8.0%
97	03808.HK	中国重汽	汽车	487.01	26.8%
98	000338.SZ	潍柴动力	汽车	486.72	0.0%
99	600755.SH	厦门国贸	贸易	481.59	17.8%
100	601238.SH	广汽集团	汽车	474.41	4.7%

数据来源：每日经济新闻和清华大学经济管理学院中国企业研究中心联合发布。

表 3　2024 中国上市公司品牌价值活力榜 TOP100

序号	证券代码	证券简称	行业	品牌价值/亿元	增长率
1	PDD. O	拼多多	零售	2 472.87	154.8%
2	300750.SZ	宁德时代	装备	1 648.21	113.6%
3	02015.HK	理想汽车-W	汽车	220.52	90.9%
4	01799.HK	新特能源	装备	377.53	76.9%
5	06862.HK	海底捞	餐饮	452.41	66.0%
6	000063.SZ	中兴通讯	通信	786.38	61.6%
7	002594.SZ	比亚迪	汽车	2 427.74	61.1%
8	06618.HK	京东健康	零售	245.22	59.7%
9	03690.HK	美团-W	零售	1 744.50	54.3%
10	000028.SZ	国药一致	医药	300.67	54.1%
11	600039.SH	四川路桥	建筑	218.16	50.3%
12	03800.HK	协鑫科技	装备	315.65	49.8%
13	605499.SH	东鹏饮料	饮料	201.59	47.9%
14	000625.SZ	长安汽车	汽车	735.71	47.4%
15	688599.SH	天合光能	装备	492.04	46.9%
16	688223.SH	晶科能源	电子	201.40	45.2%
17	VIPS. N	唯品会	零售	461.12	45.2%
18	000921.SZ	海信家电	家电	656.38	44.1%
19	600938.SH	中国海油	石油	688.01	43.7%
20	600839.SH	四川长虹	家电	812.78	39.2%
21	000950.SZ	重药控股	医药	268.91	38.8%
22	600150.SH	中国船舶	装备	322.77	38.6%
23	600438.SH	通威股份	装备	919.88	38.5%
24	002555.SZ	三七互娱	休闲	362.37	37.8%
25	600050.SH	中国联通	电信	2 210.92	37.2%
26	600089.SH	特变电工	装备	358.52	37.0%
27	000800.SZ	一汽解放	汽车	298.11	36.6%
28	002459.SZ	晶澳科技	装备	446.17	35.6%
29	600060.SH	海信视像	家电	394.18	34.5%
30	000938.SZ	紫光股份	电子	473.17	33.4%

表3(续)

序号	证券代码	证券简称	行业	品牌价值/亿元	增长率
31	01908.HK	建发国际集团	房地产	353.84	32.7%
32	000729.SZ	燕京啤酒	饮料	233.68	32.6%
33	600612.SH	老凤祥	服饰	540.30	32.5%
34	000876.SZ	新希望	农业	376.19	30.9%
35	06808.HK	高鑫零售	零售	386.50	30.8%
36	601933.SH	永辉超市	零售	343.52	29.8%
37	600998.SH	九州通	医药	474.21	29.7%
38	00552.HK	中国通信服务	通信	777.92	29.7%
39	000596.SZ	古井贡酒	饮料	462.11	29.6%
40	600166.SH	福田汽车	汽车	220.06	29.0%
41	002475.SZ	立讯精密	电子	557.83	28.8%
42	600919.SH	江苏银行	金融	324.82	28.2%
43	00123.HK	越秀地产	房地产	320.23	28.0%
44	000977.SZ	浪潮信息	电子	426.10	27.7%
45	601186.SH	中国铁建	建筑	1 474.88	27.6%
46	603369.SH	今世缘	饮料	280.27	27.5%
47	03808.HK	中国重汽	汽车	487.01	26.8%
48	600732.SH	爱旭股份	装备	206.70	26.7%
49	300058.SZ	蓝色光标	媒体	236.02	26.0%
50	601360.SH	三六零	互联网	351.25	25.0%
51	600941.SH	中国移动	电信	8 277.10	25.0%
52	000895.SZ	双汇发展	食品	561.26	24.9%
53	300760.SZ	迈瑞医疗	医药	230.31	24.1%
54	CSIQ.O	阿特斯太阳能	装备	221.19	23.2%
55	03320.HK	华润医药	医药	970.06	22.5%
56	02057.HK	中通快递-W	运输	307.03	21.6%
57	601319.SH	中国人保	金融	1 206.91	20.9%
58	01099.HK	国药控股	医药	2 335.07	20.7%
59	600745.SH	闻泰科技	通信	238.20	20.3%
60	600522.SH	中天科技	通信	278.00	19.8%
61	600875.SH	东方电气	装备	320.40	19.5%

表3(续)

序号	证券代码	证券简称	行业	品牌价值/亿元	增长率
62	601618.SH	中国中冶	建筑	717.28	19.1%
63	000568.SZ	泸州老窖	饮料	1 021.83	19.0%
64	601998.SH	中信银行	金融	847.45	18.8%
65	09633.HK	农夫山泉	饮料	953.14	18.8%
66	601390.SH	中国中铁	建筑	1 590.01	18.8%
67	01958.HK	北京汽车	汽车	1 418.52	18.7%
68	09999.HK	网易-S	互联网	3 309.15	18.6%
69	09888.HK	百度集团-SW	互联网	3476.67	18.5%
70	601988.SH	中国银行	金融	3 032.70	18.2%
71	600030.SH	中信证券	金融	268.11	17.9%
72	600755.SH	厦门国贸	贸易	481.59	17.8%
73	00751.HK	创维集团	家电	402.46	17.1%
74	601857.SH	中国石油	石油	2 544.92	16.4%
75	601728.SH	中国电信	电信	3 185.64	16.2%
76	601800.SH	中国交建	建筑	1 019.58	16.1%
77	601899.SH	紫金矿业	有色金属	417.11	15.9%
78	601668.SH	中国建筑	建筑	2 887.85	15.8%
79	600325.SH	华发股份	房地产	212.91	15.4%
80	601868.SH	中国能建	建筑	454.14	15.3%
81	600028.SH	中国石化	石油	2 419.24	15.3%
82	601628.SH	中国人寿	金融	1 597.98	15.3%
83	601288.SH	农业银行	金融	3 183.63	14.9%
84	600170.SH	上海建工	建筑	331.69	14.7%
85	09618.HK	京东集团-SW	零售	5 805.79	14.1%
86	02328.HK	中国财险	金融	1 045.38	13.8%
87	000425.SZ	徐工机械	装备	572.04	13.6%
88	600398.SH	海澜之家	服饰	218.26	13.6%
89	600015.SH	华夏银行	金融	355.76	12.8%
90	002120.SZ	韵达股份	运输	277.03	12.5%
91	600809.SH	山西汾酒	饮料	767.76	11.8%
92	000651.SZ	格力电器	家电	1 868.86	11.6%

表3(续)

序号	证券代码	证券简称	行业	品牌价值/亿元	增长率
93	00267.HK	中信股份	金融	826.46	11.5%
94	600487.SH	亨通光电	通信	236.82	11.5%
95	601669.SH	中国电建	建筑	692.12	10.8%
96	600600.SH	青岛啤酒	饮料	619.57	10.6%
97	000858.SZ	五粮液	饮料	2 603.86	10.5%
98	09988.HK	阿里巴巴-SW	零售	14 854.86	10.3%
99	002311.SZ	海大集团	农业	345.15	10.3%
100	601169.SH	北京银行	金融	282.66	10.2%

数据来源：每日经济新闻和清华大学经济管理学院中国企业研究中心联合发布。

表4　2024中国上市公司品牌价值榜新锐榜榜TOP50

序号	证券代码	证券简称	上市日期	上市地点	上市板块	区域	行业	品牌价值/亿元
1	603296.SH	华勤技术	2023-08-08	上海	主板	上海	电子	308.73
2	06979.HK	珍酒李渡	2023-04-27	香港	主板	北京	饮料	170.84
3	02419.HK	德康农牧	2023-12-06	香港	主板	四川	食品	123.37
4	688472.SH	阿特斯	2023-06-09	上海	科创板	江苏	电子	119.99
5	601061.SH	中信金属	2023-04-10	上海	主板	北京	贸易	118.88
6	09890.HK	中旭未来	2023-09-28	香港	主板	广东	休闲	101.25
7	02517.HK	锅圈	2023-11-02	香港	主板	上海	餐饮	95.60
8	09930.HK	宏信建发	2023-05-25	香港	主板	天津	装备	73.32
9	301358.SZ	湖南裕能	2023-02-09	深圳	创业板	湖南	化工	66.20
10	02411.HK	百果园集团	2023-01-16	香港	主板	广东	零售	59.68
11	301381.SZ	赛维时代	2023-07-12	深圳	创业板	广东	零售	43.68
12	00666.HK	瑞浦兰钧	2023-12-18	香港	主板	浙江	电子	38.19
13	09860.HK	艾迪康控股	2023-06-30	香港	主板	浙江	保健	36.67
14	301559.SZ	中集环科	2023-10-11	深圳	创业板	江苏	装备	36.51
15	301371.SZ	敷尔佳	2023-08-01	深圳	创业板	黑龙江	日用	36.13
16	001287.SZ	中电港	2023-04-10	深圳	主板	广东	贸易	35.83
17	301498.SZ	乖宝宠物	2023-08-16	深圳	创业板	山东	食品	30.57
18	688249.SH	晶合集成	2023-05-05	上海	科创板	安徽	电子	29.76
19	601083.SH	锦江航运	2023-12-05	上海	主板	上海	运输	27.76
20	02482.HK	维天运通	2023-03-09	香港	主板	安徽	运输	27.21
21	301332.SZ	德尔玛	2023-05-18	深圳	创业板	广东	家电	25.12

表4(续)

序号	证券代码	证券简称	上市日期	上市地点	上市板块	区域	行业	品牌价值/亿元
22	301260.SZ	格力博	2023-02-08	深圳	创业板	江苏	装备	24.67
23	301376.SZ	致欧科技	2023-06-21	深圳	创业板	河南	家居	22.48
24	001314.SZ	亿道信息	2023-02-14	深圳	主板	广东	日用	22.32
25	001286.SZ	陕西能源	2023-04-10	深圳	主板	陕西	公用	21.53
26	301408.SZ	华人健康	2023-03-01	深圳	创业板	安徽	零售	20.97
27	09676.HK	十月稻田	2023-10-12	香港	主板	北京	零售	20.49
28	688570.SH	天玛智控	2023-06-05	上海	科创板	北京	装备	18.49
29	09690.HK	途虎-W	2023-09-26	香港	主板	上海	汽车	17.68
30	09885.HK	药师帮	2023-06-28	香港	主板	广东	医药	17.64
31	02520.HK	山西安装	2023-11-22	香港	主板	山西	建筑	16.29
32	ZKH.N	震坤行	2023-12-15	纽约	主板	上海	互联网	15.81
33	301558.SZ	三态股份	2023-09-28	深圳	创业板	广东	零售	15.66
34	301362.SZ	民爆光电	2023-08-04	深圳	创业板	广东	家电	15.32
35	688612.SH	威迈斯	2023-07-26	上海	科创板	广东	汽车	14.64
36	301526.SZ	国际复材	2023-12-26	深圳	创业板	重庆	建筑	14.58
37	603153.SH	上海建科	2023-03-13	上海	主板	上海	商业服务	14.50
38	601059.SH	信达证券	2023-02-01	上海	主板	北京	金融	14.47
39	301345.SZ	涛涛车业	2023-03-21	深圳	创业板	浙江	汽车	14.39
40	01497.HK	燕之屋	2023-12-12	香港	主板	福建	零售	13.46
41	301262.SZ	海看股份	2023-06-20	深圳	创业板	山东	媒体	13.13
42	001311.SZ	多利科技	2023-02-27	深圳	主板	安徽	汽车	12.99
43	02490.HK	乐舱物流	2023-09-25	香港	主板	山东	运输	12.88
44	601096.SH	宏盛华源	2023-12-22	上海	主板	山东	建筑	12.33
45	603173.SH	福斯达	2023-01-30	上海	主板	浙江	装备	12.31
46	301246.SZ	宏源药业	2023-03-20	深圳	创业板	湖北	医药	12.13
47	001326.SZ	联域股份	2023-11-09	深圳	主板	广东	家电	11.97
48	301500.SZ	飞南资源	2023-09-21	深圳	创业板	广东	有色金属	11.97
49	IZM.O	拍明芯城	2023-03-15	纳斯达克	主板	广东	零售	11.88
50	603135.SH	中重科技	2023-04-10	上海	主板	天津	装备	11.86

数据来源:每日经济新闻和清华大学经济管理学院中国企业研究中心联合发布。

表5 2024 中国上市公司海外品牌价值榜 TOP50

序号	证券代码	证券简称	行业	海外品牌价值/亿元	增长率
1	00992.HK	联想集团	电子	2 197.85	8.8%

表5(续)

序号	证券代码	证券简称	行业	海外品牌价值/亿元	增长率
2	00700.HK	腾讯控股	互联网	1 777.91	21.1%
3	601919.SH	中远海控	运输	1 227.80	−15.9%
4	000333.SZ	美的集团	家电	1 201.11	11.4%
5	09988.HK	阿里巴巴-SW	零售	1 063.58	10.3%
6	601857.SH	中国石油	石油	1 060.98	28.4%
7	600690.SH	海尔智家	家电	943.72	1.3%
8	01810.HK	小米集团-W	通信	765.22	−31.0%
9	601988.SH	中国银行	金融	666.59	23.4%
10	601398.SH	工商银行	金融	606.56	6.3%
11	002594.SZ	比亚迪	汽车	523.66	17.5%
12	002475.SZ	立讯精密	电子	505.11	25.2%
13	600104.SH	上汽集团	汽车	395.91	39.7%
14	300750.SZ	宁德时代	装备	379.91	135.5%
15	600028.SH	中国石化	石油	360.22	−18.2%
16	02388.HK	中银香港	金融	323.53	4.0%
17	002459.SZ	晶澳科技	装备	267.84	33.7%
18	601012.SH	隆基绿能	装备	266.69	−21.4%
19	000338.SZ	潍柴动力	汽车	264.14	28.9%
20	002352.SZ	顺丰控股	运输	264.03	新上榜
21	688599.SH	天合光能	装备	248.23	18.5%
22	600938.SH	中国海油	石油	248.10	71.7%
23	000063.SZ	中兴通讯	通信	241.18	55.7%
24	601288.SH	农业银行	金融	232.72	20.0%
25	01070.HK	TCL电子	家电	232.46	−4.6%
26	600031.SH	三一重工	装备	229.01	54.1%
27	000651.SZ	格力电器	家电	228.75	15.0%
28	000725.SZ	京东方A	电子	227.63	−8.8%
29	000921.SZ	海信家电	家电	220.28	41.0%
30	603296.SH	华勤技术	电子	202.22	新上榜
31	600519.SH	贵州茅台	饮料	191.97	51.6%
32	688036.SH	传音控股	通信	190.32	−2.2%

表5（续）

序号	证券代码	证券简称	行业	海外品牌价值/亿元	增长率
33	002241.SZ	歌尔股份	电子	182.56	2.1%
34	603993.SH	洛阳钼业	有色金属	178.63	9.4%
35	600060.SH	海信视像	家电	177.06	20.7%
36	02313.HK	申洲国际	服饰	174.11	-1.9%
37	03808.HK	中国重汽	汽车	173.82	新上榜
38	600839.SH	四川长虹	家电	172.55	45.6%
39	CSIQ.O	阿特斯太阳能	装备	164.77	19.0%
40	000425.SZ	徐工机械	装备	152.56	新上榜
41	601668.SH	中国建筑	建筑	151.61	28.9%
42	601766.SH	中国中车	装备	151.44	35.8%
43	603259.SH	药明康德	医药	150.45	30.8%
44	601156.SH	东航物流	运输	149.19	新上榜
45	300418.SZ	昆仑万维	休闲	146.15	新上榜
46	601800.SH	中国交建	建筑	139.68	15.0%
47	002415.SZ	海康威视	电子	137.90	13.6%
48	600150.SH	中国船舶	装备	137.11	新上榜
49	00316.HK	东方海外国际	运输	135.98	15.4%
50	002555.SZ	三七互娱	休闲	132.41	新上榜

数据来源：每日经济新闻和清华大学经济管理学院中国企业研究中心联合发布。